Johann Wolfgang Goethe

Egmont

Ein Trauerspiel in fünf Aufzügen

(Großdruck)

Johann Wolfgang Goethe: Egmont. Ein Trauerspiel in fünf Aufzügen (Großdruck)

Entstanden zwischen 1775 und 1787, Erstdruck: Leipzig (Göschen) 1788. Uraufführung am 31.3.1791 in Weimar.

Neuausgabe mit einer Biographie des Autors
Herausgegeben von Theodor Borken
Berlin 2020

Der Text dieser Ausgabe folgt:
Goethes Werke. Hamburger Ausgabe in 14 Bänden. Textkritisch durchgesehen und mit Anmerkungen versehen von Erich Trunz, Hamburg: Christian Wegener, 1948 ff.

Umschlaggestaltung von Thomas Schultz-Overhage unter Verwendung des Bildes: Unbekannter Künstler, Graf Lamoral von Egmond, 16. Jahrhundert

Gesetzt aus der Minion Pro, 16 pt, in lesefreundlichem Großdruck

ISBN 978-3-8478-4668-0

Die Deutsche Nationalbibliothek verzeichnet diese Publikation in der Deutschen Nationalbibliografie; detaillierte bibliografische Daten sind im Internet über www.dnb.de abrufbar.

Henricus Edition Deutsche Klassik UG (haftungsbeschränkt), Berlin
Herstellung: BoD – Books on Demand, Norderstedt

Personen

Margarete von Parma, Tochter Karls des Fünften, Regentin der
   Niederlande

Graf Egmont, Prinz von Gaure

Wilhelm von Oranien

Herzog von Alba

Ferdinand, sein natürlicher Sohn

Machiavell, im Dienste der Regentin

Richard, Egmonts Geheimschreiber

Silva,
Gomez, unter Alba dienend

Klärchen, Egmonts Geliebte

Ihre Mutter

Brackenburg, ein Bürgerssohn

Soest, Krämer,
Jetter, Schneider,
Zimmermann,
Seifensieder, Bürger von Brüssel

Buyck, Soldat unter Egmont

Ruysum, Invalide und taub

Vansen, ein Schreiber

Volk, Gefolge, Wachen usw.

Der Schauplatz ist in Brüssel.

Erster Aufzug

Armbrustschießen.
Soldaten und Bürger mit Armbrüsten.
Jetter, Bürger von Brüssel, Schneider, tritt vor und spannt die
Armbrust. Soest, Bürger von Brüssel, Krämer.

SOEST. Nun schießt nur hin, daß es alle wird! Ihr nehmt mir's
doch nicht! Drei Ringe schwarz, die habt Ihr Eure Tage nicht
geschossen. Und so wär ich für dies Jahr Meister.

JETTER. Meister und König dazu. Wer mißgönnt's Euch? Ihr sollt
dafür auch die Zeche doppelt bezahlen; Ihr sollt Eure Geschick-
lichkeit bezahlen, wie's recht ist.

Buyck, ein Holländer, Soldat unter Egmont.

BUYCK. Jetter, den Schuß handl ich Euch ab, teile den Gewinst,
traktiere die Herren: ich bin so schon lange hier und für viele
Höflichkeit Schuldner. Fehl ich, so ist's, als wenn Ihr geschossen
hättet.

SOEST. Ich sollte dreinreden: denn eigentlich verlier ich dabei.
Doch, Buyck, nur immerhin.

BUYCK *schießt.* Nun, Pritschmeister, Reverenz! – Eins! Zwei! Drei!
Vier!

SOEST. Vier Ringe? Es sei!

ALLE. Vivat, Herr König, hoch! und abermal hoch!

BUYCK. Danke, ihr Herren. Wäre Meister zu viel! Danke für die
Ehre.

JETTER. Die habt Ihr Euch selbst zu danken.

Ruysum, ein Friesländer, Invalide und taub.

RUYSUM. Daß ich euch sage!

SOEST. Wie ist's, Alter?

RUYSUM. Daß ich euch sage! – Er schießt wie sein Herr, er schießt wie Egmont.

BUYCK. Gegen ihn bin ich nur ein armer Schlucker. Mit der Büchse trifft er erst, wie keiner in der Welt. Nicht etwa, wenn er Glück oder gute Laune hat; nein! wie er anlegt, immer rein schwarz geschossen. Gelernt habe ich von ihm. Das wäre auch ein Kerl, der bei ihm diente und nichts von ihm lernte! – Nicht zu vergessen, meine Herren! Ein König nährt seine Leute; und so, auf des Königs Rechnung, Wein her!

JETTER. Es ist unter uns ausgemacht, daß jeder –

BUYCK. Ich bin fremd und König, und achte Eure Gesetze und Herkommen nicht.

JETTER. Du bist ja ärger als der Spanier; der hat sie uns doch bisher lassen müssen.

RUYSUM. Was?

SOEST *laut.* Er will uns gastieren; er will nicht haben, daß wir zusammenlegen und der König nur das Doppelte zahlt.

RUYSUM. Laßt ihn! doch ohne Präjudiz! Das ist auch seines Herren Art, splendid zu sein und es laufen zu lassen, wo es gedeiht. *Sie bringen Wein.*

ALLE. Ihro Majestät Wohl! Hoch!

JETTER *zu Buyck.* Versteht sich: Eure Majestät.

BUYCK. Danke von Herzen, wenn's doch so sein soll.

SOEST. Wohl! Denn unserer spanischen Majestät Gesundheit trinkt nicht leicht ein Niederländer von Herzen.

RUYSUM. Wer?

SOEST *laut.* Philipps des Zweiten, Königs in Spanien.

RUYSUM. Unser allergnädigster König und Herr! Gott geb ihm langes Leben.

SOEST. Hattet Ihr seinen Herrn Vater, Karl den Fünften, nicht lieber?

RUYSUM. Gott tröst ihn! Das war ein Herr! Er hatte die Hand über den ganzen Erdboden und war euch alles in allem; und wenn er euch begegnete, so grüßt er euch wie ein Nachbar den andern; und wenn ihr erschrocken wart, wußt er mit so guter Manier – Ja, versteht mich – Er ging aus, ritt aus, wie's ihm einkam, gar mit wenig Leuten. Haben wir doch alle geweint, wie er seinem Sohn das Regiment hier abtrat – sagt ich, versteht mich – der ist schon anders, der ist majestätischer.

JETTER. Er ließ sich nicht sehen, da er hier war, als in Prunk und königlichem Staate. Er spricht wenig, sagen die Leute.

SOEST. Es ist kein Herr für uns Niederländer. Unsre Fürsten müssen froh sein wie wir, leben und leben lassen. Wir wollen nicht verachtet noch gedruckt sein, so gutherzige Narren wir auch sind.

JETTER. Der König, denk ich, wäre wohl ein gnädiger Herr, wenn er nur bessere Ratgeber hätte.

SOEST. Nein, nein! Er hat kein Gemüt gegen uns Niederländer, sein Herz ist dem Volke nicht geneigt, er liebt uns nicht; wie können wir ihn wieder lieben? Warum ist alle Welt dem Grafen Egmont so hold? Warum trügen wir ihn alle auf den Händen? Weil man ihm ansieht, daß er uns wohlwill; weil ihm die Fröhlichkeit, das freie Leben, die gute Meinung aus den Augen sieht; weil er nichts besitzt, das er dem Dürftigen nicht mitteilte, auch dem, der's nicht bedarf. Laßt den Grafen Egmont leben! Buyck, an Euch ist's, die erste Gesundheit zu bringen! Bringt Eures Herrn Gesundheit aus.

BUYCK. Von ganzer Seele denn: Graf Egmont hoch!

RUYSUM. Überwinder bei St. Quintin!

BUYCK. Dem Helden von Gravelingen!

ALLE. Hoch!

RUYSUM. St. Quintin war meine letzte Schlacht. Ich konnte kaum mehr fort, kaum die schwere Büchse mehr schleppen. Hab ich doch den Franzosen noch eins auf den Pelz gebrennt, und da kriegt ich zum Abschied noch einen Streifschuß ans rechte Bein.

BUYCK. Gravelingen! Freunde! da ging's frisch! Den Sieg haben wir allein. Brannten und sengten die welschen Hunde nicht durch ganz Flandern? Aber ich mein', wir trafen sie! Ihre alten handfesten Kerle hielten lange wider, und wir drängten und schossen und hieben, daß sie die Mäuler verzerrten und ihre Linien zuckten. Da ward Egmont das Pferd unter dem Leibe niedergeschossen, und wir stritten lange hinüber herüber, Mann für Mann, Pferd gegen Pferd, Haufe mit Haufe, auf dem breiten flachen Sand an der See hin. Auf einmal kam's, wie vom Himmel herunter, von der Mündung des Flusses, bav! bau! immer mit Kanonen in die Franzosen drein. Es waren Engländer, die unter dem Admiral Malin von ungefähr von Dünkirchen her vorbeifuhren. Zwar viel halfen sie uns nicht; sie konnten nur mit den kleinsten Schiffen herbei, und das nicht nah genug; schossen auch wohl unter uns – Es tat doch gut! Es brach die Welschen und hob unsern Mut. Da ging's rick rack! herüber hinüber! Alles totgeschlagen, alles ins Wasser gesprengt. Und die Kerle ersoffen, wie sie das Wasser schmeckten; und was wir Holländer waren, gerad hintendrein. Uns, die wir beidlebig sind, ward erst wohl im Wasser, wie den Fröschen; und immer die Feinde im Fluß zusammengehauen, weggeschossen wie die Enten. Was nun noch durchbrach, schlugen euch auf der Flucht die Bauerweiber mit Hacken und Mistgabeln tot. Mußte doch die welsche Majestät gleich das Pfötchen reichen und Friede machen. Und den Frieden seid ihr uns schuldig, dem großen Egmont schuldig!

ALLE. Hoch! dem großen Egmont hoch! und abermal hoch! und abermal hoch!

JETTER. Hätte man uns den statt der Margrete von Parma zum Regenten gesetzt!

SOEST. Nicht so! Wahr bleibt wahr! Ich lasse mir Margareten nicht schelten. Nun ist's an mir. Es lebe unsre gnädge Frau!

ALLE. Sie lebe!

SOEST. Wahrlich, treffliche Weiber sind in dem Hause. Die Regentin lebe!

JETTER. Klug ist sie, und mäßig in allem, was sie tut; hielte sie's nur nicht so steif und fest mit den Pfaffen. Sie ist doch auch mit schuld, daß wir die vierzehn neuen Bischofsmützen im Lande haben. Wozu die nur sollen? Nicht wahr, daß man Fremde in die guten Stellen einschieben kann, wo sonst Äbte aus den Kapiteln gewählt wurden? Und wir sollen glauben, es sei um der Religion willen. Ja, es hat sich. An drei Bischöfen hatten wir genug: da ging's ehrlich und ordentlich zu. Nun muß doch auch jeder tun, als ob er nötig wäre; und da setzt's allen Augenblick Verdruß und Händel. Und je mehr ihr das Ding rüttelt und schüttelt, desto trüber wird's. Sie trinken.

SOEST. Das war nun des Königs Wille; sie kann nichts davon noch dazu tun.

JETTER. Da sollen wir nun die neuen Psalmen nicht singen. Sie sind wahrlich gar schön in Reimen gesetzt und haben recht erbauliche Weisen. Die sollen wir nicht singen, aber Schelmenlieder, so viel wir wollen. Und warum? Es seien Ketzereien drin, sagen sie, und Sachen, Gott weiß. Ich hab ihrer doch auch gesungen; es ist jetzt was Neues, ich hab nichts drin gesehen.

BUYCK. Ich wollte sie fragen! In unsrer Provinz singen wir, was wir wollen. Das macht, daß Graf Egmont unser Statthalter ist; der fragt nach so etwas nicht. – In Gent, Ypern, durch ganz

Flandern singt sie, wer Belieben hat. Laut. Es ist ja wohl nichts unschuldiger als ein geistlich Lied? Nicht wahr, Vater?

RUYSUM. Ei wohl! Es ist ja ein Gottesdienst, eine Erbauung.

JETTER. Sie sagen aber, es sei nicht auf die rechte Art, nicht auf ihre Art; und gefährlich ist's doch immer, da läßt man's lieber sein. Die Inquisitionsdiener schleichen herum und passen auf; mancher ehrliche Mann ist schon unglücklich geworden. Der Gewissenszwang fehlte noch! Da ich nicht tun darf, was ich möchte, können sie mich doch denken und singen lassen, was ich will.

SOEST. Die Inquisition kommt nicht auf. Wir sind nicht gemacht, wie die Spanier, unser Gewissen tyrannisieren zu lassen. Und der Adel muß auch bei Zeiten suchen, ihr die Flügel zu beschneiden.

JETTER. Es ist sehr fatal. Wenn's den lieben Leuten einfällt, in mein Haus zu stürmen, und ich sitz an meiner Arbeit und summe just einen französischen Psalm und denke nichts dabei, weder Gutes noch Böses; ich summe ihn aber, weil er mir in der Kehle ist: gleich bin ich ein Ketzer und werde eingesteckt. Oder ich gehe über Land und bleibe bei einem Haufen Volks stehen, das einem neuen Prediger zuhört, einem von denen, die aus Deutschland gekommen sind: auf der Stelle heiß ich ein Rebell und komme in Gefahr, meinen Kopf zu verlieren. Habt ihr je einen predigen hören?

SOEST. Wackre Leute. Neulich hört ich einen auf dem Felde vor tausend und tausend Menschen sprechen. Das war ein ander Geköch, als wenn unsre auf der Kanzel herumtrommeln und die Leute mit lateinischen Brocken erwürgen. Der sprach von der Leber weg; sagte, wie sie uns bisher hätten bei der Nase herumgeführt, uns in der Dummheit erhalten, und wie wir mehr

Erleuchtung haben könnten. – Und das bewies er euch alles aus der Bibel.

JETTER. Da mag doch auch was dran sein. Ich sagt's immer selbst und grübelte so über die Sache nach. Mir ist's lang im Kopf herumgegangen.

BUYCK. Es läuft ihnen auch alles Volk nach.

SOEST. Das glaub ich, wo man was Gutes hören kann und was Neues.

JETTER. Und was ist's denn nun? Man kann ja einen jeden predigen lassen nach seiner Weise.

BUYCK. Frisch, ihr Herren! Über dem Schwätzen vergeßt ihr den Wein und Oranien.

JETTER. Den nicht zu vergessen. Das ist ein rechter Wall: wenn man nur an ihn denkt, meint man gleich, man könne sich hinter ihn verstecken, und der Teufel brächte einen nicht hervor. Hoch! Wilhelm von Oranien, hoch!

ALLE. Hoch! Hoch!

SOEST. Nun, Alter, bring auch deine Gesundheit!

RUYSUM. Alte Soldaten! Alle Soldaten! Es lebe der Krieg!

BUYCK. Bravo, Alter! Alle Soldaten! Es lebe der Krieg!

JETTER. Krieg! Krieg! Wißt ihr auch, was ihr ruft? Daß es euch leicht vom Munde geht, ist wohl natürlich; wie lumpig aber unsereinem dabei zumute ist, kann ich nicht sagen. Das ganze Jahr das Getrommel zu hören; und nichts zu hören, als wie da ein Haufen gezogen kommt und dort ein andrer, wie sie über einen Hügel kamen und bei einer Mühle hielten, wieviel da geblieben sind, wieviel dort, und wie sie sich drängen und einer gewinnt, der andere verliert, ohne daß man sein Tage begreift, wer was gewinnt oder verliert. Wie eine Stadt eingenommen wird, die Bürger ermordet werden, und wie's den armen Weibern, den unschuldigen Kindern ergeht. Das ist eine Not und

Angst, man denkt jeden Augenblick: ›Da kommen sie! Es geht uns auch so.‹

SOEST. Drum muß auch ein Bürger immer in Waffen geübt sein.

JETTER. Ja, es übt sich, wer Frau und Kinder hat. Und doch hör ich noch lieber von Soldaten, als ich sie sehe.

BUYCK. Das sollt ich übelnehmen.

JETTER. Auf Euch ist's nicht gesagt, Landsmann. Wie wir die spanischen Besatzungen los waren, holten wir wieder Atem.

SOEST. Gelt! die lagen dir am schwersten auf?

JETTER. Vexier Er sich!

SOEST. Die hatten scharfe Einquartierung bei dir.

JETTER. Halt dein Maul!

SOEST. Sie hatten ihn vertrieben aus der Küche, dem Keller, der Stube – dem Bette. Sie lachen.

JETTER. Du bist ein Tropf.

BUYCK. Friede, ihr Herren! Muß der Soldat Friede rufen? – Nun da ihr von uns nichts hören wollt, nun bringt auch eure Gesundheit aus, eine bürgerliche Gesundheit.

JETTER. Dazu sind wir bereit! Sicherheit und Ruhe!

SOEST. Ordnung und Freiheit!

BUYCK. Brav! das sind auch wir zufrieden.

Sie stoßen an und wiederholen fröhlich die Worte, doch so, daß jeder ein anders ausruft und es eine Art Kanon wird. Der Alte horcht und fällt endlich auch mit ein.

ALLE. Sicherheit und Ruhe! Ordnung und Freiheit!

Palast der Regentin.
Margarete von Parma in Jagdkleidern. Hofleute. Pagen.
Bediente.

REGENTIN. Ihr stellt das Jagen ab, ich werde heut nicht reiten. Sagt Machiavellen, er soll zu mir kommen. Alle gehen ab. Der Gedanke an diese schrecklichen Begebenheiten läßt mir keine Ruhe! Nichts kann mich ergetzen, nichts mich zerstreuen; immer sind diese Bilder, diese Sorgen vor mir. Nun wird der König sagen, dies sei'n die Folgen meiner Güte, meiner Nachsicht; und doch sagt mir mein Gewissen, jeden Augenblick das Rätlichste, das Beste getan zu haben. Sollte ich früher mit dem Sturme des Grimmes diese Flammen anfachen und umhertreiben? Ich hoffte, sie zu umstellen, sie in sich selbst zu verschütten. Ja, was ich mir selbst sage, was ich wohl weiß, entschuldigt mich vor mir selbst; aber wie wird es mein Bruder aufnehmen? Denn, ist es zu leugnen? der Übermut der fremden Lehrer hat sich täglich erhöht; sie haben unser Heiligtum gelästert, die stumpfen Sinne des Pöbels zerrüttet und den Schwindelgeist unter sie gebannt. Unreine Geister haben sich unter die Aufrührer gemischt, und schreckliche Taten sind geschehen, die zu denken schauderhaft ist und die ich nun einzeln nach Hofe zu berichten habe, schnell und einzeln, damit mir der allgemeine Ruf nicht zuvorkomme, damit der König nicht denke, man wolle noch mehr verheimlichen. Ich sehe kein Mittel, weder strenges noch gelindes, dem Übel zu steuern. O was sind wir Großen auf der Woge der Menschheit? Wir glauben sie zu beherrschen, und sie treibt uns auf und nieder, hin und her.

Machiavell tritt auf.

REGENTIN. Sind die Briefe an den König aufgesetzt?

MACHIAVELL. In einer Stunde werdet Ihr sie unterschreiben können.

REGENTIN. Habt Ihr den Bericht ausführlich genug gemacht?

MACHIAVELL. Ausführlich und umständlich, wie es der König liebt. Ich erzähle, wie zuerst um St. Omer die bilderstürmerische Wut sich zeigt. Wie eine rasende Menge, mit Stäben, Beilen, Hämmern, Leitern, Stricken versehen, von wenig Bewaffneten begleitet, erst Kapellen, Kirchen und Klöster anfallen, die Andächtigen verjagen, die verschlossenen Pforten aufbrechen, alles umkehren, die Altäre niederreißen, die Statuen der Heiligen zerschlagen, alle Gemälde verderben, alles, was sie nur Geweihtes, Geheiligtes antreffen, zerschmettern, zerreißen, zertreten. Wie sich der Haufe unterwegs vermehrt, die Einwohner von Ypern ihnen die Tore eröffnen. Wie sie den Dom mit unglaublicher Schnelle verwüsten, die Bibliothek des Bischofs verbrennen. Wie eine große Menge Volks, von gleichem Unsinn ergriffen, sich über Menin, Comines, Verwich, Lille verbreitet, nirgend Widerstand findet, und wie fast durch ganz Flandern in Einem Augenblicke die ungeheure Verschwörung sich erklärt und ausgeführt ist.

REGENTIN. Ach, wie ergreift mich aufs neue der Schmerz bei deiner Wiederholung! Und die Furcht gesellt sich dazu, das Übel werde nur größer und größer werden. Sagt mir Eure Gedanken, Machiavell!

MACHIAVELL. Verzeihen Eure Hoheit, meine Gedanken sehen Grillen so ähnlich; und wenn Ihr auch immer mit meinen Diensten zufrieden wart, habt Ihr doch selten meinem Rat folgen mögen. Ihr sagtet oft im Scherze: ›Du siehst zu weit, Machiavell! Du solltest Geschichtschreiber sein: wer handelt, muß fürs Nächste sorgen.‹ Und doch, habe ich diese Geschichte nicht vorauserzählt? Hab ich nicht alles vorausgesehen?

REGENTIN. Ich sehe auch viel voraus, ohne es ändern zu können.

MACHIAVELL. Ein Wort für tausend: Ihr unterdrückt die neue Lehre nicht. Laßt sie gelten, sondert sie von den Rechtgläubigen, gebt ihnen Kirchen, faßt sie in die bürgerliche Ordnung, schränkt sie ein; und so habt ihr die Aufrührer auf einmal zur Ruhe gebracht. Jede andern Mittel sind vergeblich, und Ihr verheert das Land.

REGENTIN. Hast du vergessen, mit welchem Abscheu mein Bruder selbst die Frage verwarf, ob man die neue Lehre dulden könne? Weißt du nicht, wie er mir in jedem Briefe die Erhaltung des wahren Glaubens aufs eifrigste empfiehlt? daß er Ruhe und Einigkeit auf Kosten der Religion nicht hergestellt wissen will? Hält er nicht selbst in den Provinzen Spione, die wir nicht kennen, um zu erfahren, wer sich zu der neuen Meinung hinüberneigt? Hat er nicht zu unsrer Verwunderung uns diesen und jenen genannt, der sich in unsrer Nähe heimlich der Ketzerei schuldig machte? Befiehlt er nicht Strenge und Schärfe? Und ich soll gelind sein? ich soll Vorschläge tun, daß er nachsehe, daß er dulde? Würde ich nicht alles Vertrauen, allen Glauben bei ihm verlieren?

MACHIAVELL. Ich weiß wohl; der König befiehlt, er läßt Euch seine Absichten wissen. Ihr sollt Ruhe und Friede wieder herstellen durch ein Mittel, das die Gemüter noch mehr erbittert, das den Krieg unvermeidlich an allen Enden anblasen wird. Bedenkt, was Ihr tut! Die größten Kaufleute sind angesteckt, der Adel, das Volk, die Soldaten. Was hilft es, auf seinen Gedanken beharren, wenn sich um uns alles ändert? Möchte doch ein guter Geist Philippen eingeben, daß es einem Könige anständiger ist, Bürger zweierlei Glaubens zu regieren, als sie durch einander aufzureiben.

REGENTIN. Solch ein Wort nie wieder! Ich weiß wohl, daß Politik selten Treu und Glauben halten kann, daß sie Offenheit, Gutherzigkeit, Nachgiebigkeit aus unsern Herzen ausschließt. In weltlichen Geschäften ist das leider nur zu wahr; sollen wir aber auch mit Gott spielen, wie untereinander? Sollen wir gleichgültig gegen unsre bewährte Lehre sein, für die so viele ihr Leben aufgeopfert haben? Die sollten wir hingeben an hergelaufne, ungewisse, sich selbst widersprechende Neuerungen?

MACHIAVELL. Denkt nur deswegen nicht übel von mir!

REGENTIN. Ich kenne dich und deine Treue, und weiß, daß einer ein ehrlicher und verständiger Mann sein kann, wenn er gleich den nächsten, besten Weg zum Heil seiner Seele verfehlt hat. Es sind noch andere, Machiavell, Männer, die ich schätzen und tadeln muß.

MACHIAVELL. Wen bezeichnet Ihr mir?

REGENTIN. Ich kann es gestehen, daß mir Egmont heute einen recht innerlichen tiefen Verdruß erregte.

MACHIAVELL. Durch welches Betragen?

REGENTIN. Durch sein gewöhnliches, durch Gleichgültigkeit und Leichtsinn. Ich erhielt die schreckliche Botschaft, eben als ich, von vielen und ihm begleitet, aus der Kirche ging. Ich hielt meinen Schmerz nicht an, beklagte mich laut und rief, indem ich mich zu ihm wendete: ›Seht, was in Eurer Provinz entsteht! Das duldet Ihr, Graf, von dem der König sich alles versprach?‹

MACHIAVELL. Und was antwortete er?

REGENTIN. Als wenn es nichts, als wenn es eine Nebensache wäre, versetzte er: ›Wären nur erst die Niederländer über ihre Verfassung beruhigt! Das übrige würde sich leicht geben.‹

MACHIAVELL. Vielleicht hat er wahrer als klug und fromm gesprochen. Wie soll Zutrauen entstehen und bleiben, wenn der Niederländer sieht, daß es mehr um seine Besitztümer als um sein Wohl, um seiner Seele Heil zu tun ist? Haben die neuen Bischöfe mehr Seelen gerettet als fette Pfründen geschmaust, und sind es nicht meist Fremde? Noch werden alle Statthalterschaften mit Niederländern besetzt; lassen sich es die Spanier nicht zu deutlich merken, daß sie die größte, unwiderstehlichste Begierde nach diesen Stellen empfinden? Will ein Volk nicht lieber nach seiner Art von den Seinigen regieret werden, als von Fremden, die erst im Lande sich wieder Besitztümer auf Unkosten aller zu erwerben suchen, die einen fremden Maßstab mitbringen und unfreundlich und ohne Teilnehmung herrschen?

REGENTIN. Du stellst dich auf die Seite der Gegner.

MACHIAVELL. Mit dem Herzen gewiß nicht; und wollte, ich könnte mit dem Verstande ganz auf der unsrigen sein.

REGENTIN. Wenn du so willst, so tät es not, ich träte ihnen meine Regentschaft ab; denn Egmont und Oranien machten sich große Hoffnung, diesen Platz einzunehmen. Damals waren sie Gegner; jetzt sind sie gegen mich verbunden, sind Freunde, unzertrennliche Freunde geworden.

MACHIAVELL. Ein gefährliches Paar!

REGENTIN. Soll ich aufrichtig reden: ich fürchte Oranien, und ich fürchte für Egmont. Oranien sinnt nichts Gutes, seine Gedanken reichen in die Ferne, er ist heimlich, scheint alles anzunehmen, widerspricht nie, und in tiefster Ehrfurcht, mit größter Vorsicht tut er, was ihm beliebt.

MACHIAVELL. Recht im Gegenteil geht Egmont einen freien Schritt, als wenn die Welt ihm gehörte.

REGENTIN. Er trägt das Haupt so hoch, als wenn die Hand der Majestät nicht Über ihm schwebte.

MACHIAVELL. Die Augen des Volks sind alle nach ihm gerichtet, und die Herzen hängen an ihm.

REGENTIN. Nie hat er einen Schein vermieden; als wenn niemand Rechenschaft von ihm zu fordern hätte. Noch trägt er den Namen Egmont. ›Graf Egmont‹ freut ihn sich nennen zu hören; als wollte er nicht vergessen, daß seine Vorfahren Besitzer von Geldern waren. Warum nennt er sich nicht Prinz von Gaure, wie es ihm zukommt? Warum tut er das? Will er erloschne Rechte wieder geltend machen?

MACHIAVELL. Ich halte ihn für einen treuen Diener des Königs.

REGENTIN. Wenn er wollte, wie verdient könnte er sich um die Regierung machen; anstatt daß er uns schon, ohne sich zu nutzen, unsäglichen Verdruß gemacht hat. Seine Gesellschaften, Gastmahle und Gelage haben den Adel mehr verbunden und verknüpft als die gefährlichsten heimlichen Zusammenkünfte. Mit seinen Gesundheiten haben die Gäste einen dauernden Rausch, einen nie sich verziehenden Schwindel geschöpft. Wie oft setzt er durch seine Scherzreden die Gemüter des Volks in Bewegung, und wie stutzte der Pöbel über die neuen Livreen, über die törichten Abzeichen der Bedienten!

MACHIAVELL. Ich bin überzeugt, es war ohne Absicht.

REGENTIN. Schlimm genug. Wie ich sage: er schadet uns und nützt sich nicht. Er nimmt das Ernstliche scherzhaft; und wir, um nicht müßig und nachlässig zu scheinen, müssen das Scherzhafte ernstlich nehmen. So hetzt eins das andre; und was man abzuwenden sucht, das macht sich erst recht. Er ist gefährlicher als ein entschiednes Haupt einer Verschwörung; und ich müßte mich sehr irren, wenn man ihm bei Hofe nicht alles gedenkt. Ich kann nicht leugnen, es vergeht wenig Zeit, daß er mich nicht empfindlich, sehr empfindlich macht.

MACHIAVELL. Er scheint mir in allem nach seinem Gewissen zu handeln.

REGENTIN. Sein Gewissen hat einen gefälligen Spiegel. Sein Betragen ist oft beleidigend. Er sieht oft aus, als wenn er in der völligen Überzeugung lebe, er sei Herr und wolle es uns nur aus Gefälligkeit nicht fühlen lassen, wolle uns so gerade nicht zum Lande hinausjagen; es werde sich schon geben.

MACHIAVELL. Ich bitte Euch, legt seine Offenheit, sein glückliches Blut, das alles Wichtige leicht behandelt, nicht zu gefährlich aus. Ihr schadet nur ihm und Euch.

REGENTIN. Ich lege nichts aus. Ich spreche nur von den unvermeidlichen Folgen, und ich kenne ihn. Sein niederländischer Adel und sein Golden Vlies vor der Brust stärken sein Vertrauen, seine Kühnheit. Beides kann ihn vor einem schnellen, willkürlichen Unmut des Königs schützen. Untersuch es genau: an dem ganzen Unglück, das Flandern trifft, ist er doch nur allein schuld. Er hat zuerst den fremden Lehrern nachgesehn, hat's so genau nicht genommen und vielleicht sich heimlich gefreut, daß wir etwas zu schaffen hatten. Laß mich nur! was ich auf dem Herzen habe, soll bei dieser Gelegenheit davon. Und ich will die Pfeile nicht umsonst verschießen; ich weiß, wo er empfindlich ist. Er ist auch empfindlich.

MACHIAVELL. Habt Ihr den Rat zusammenberufen lassen? Kommt Oranien auch?

REGENTIN. Ich habe nach Antwerpen um ihn geschickt. Ich will ihnen die Last der Verantwortung nahe genug zuwälzen; sie sollen sich mit mir dem Übel ernstlich entgegensetzen oder sich auch als Rebellen erklären. Eile, daß die Briefe fertig werden, und bringe mir sie zur Unterschrift! Dann sende schnell den bewährten Vaska nach Madrid; er ist unermüdet und treu; daß mein Bruder zuerst durch ihn die Nachricht erfahre, daß der Ruf ihn nicht übereile. Ich will ihn selbst noch sprechen, eh er abgeht.

MACHIAVELL. Eure Befehle sollen schnell und genau befolgt werden.

Bürgerhaus.
Klare. Klarens Mutter. Brackenburg.

KLARE. Wollt Ihr mir nicht das Garn halten, Brackenburg?

BRACKENBURG. Ich bitt Euch, verschont mich, Klärchen!

KLARE. Was habt Ihr wieder? Warum versagt Ihr mir diesen kleinen Liebesdienst?

BRACKENBURG. Ihr bannt mich mit dem Zwirn so fest vor Euch hin, ich kann Euern Augen nicht ausweichen.

KLARE. Grillen! Kommt und haltet!

MUTTER *im Sessel strickend.* Singt doch eins! Brackenburg sekundiert so hübsch. Sonst wart ihr lustig, und ich hatte immer was zu lachen.

BRACKENBURG. Sonst.

KLARE. Wir wollen singen.

BRACKENBURG. Was Ihr wollt.

KLARE. Nur hübsch munter und frisch weg! Es ist ein Soldatenliedchen, mein Leibstück. *Sie wickelt Garn und singt mit Brackenburg.*

Die Trommel gerühret!
Das Pfeifchen gespielt!
Mein Liebster gewaffnet
Dem Haufen befiehlt,
Die Lanze hoch führet,
Die Leute regieret.
Wie klopft mir das Herze!
Wie wallt mir das Blut!
O hätt ich ein Wämslein
Und Hosen und Hut!
Ich folgt ihm zum Tor 'naus
Mit mutigem Schritt,
Ging durch die Provinzen,
Ging überall mit.

Die Feinde schon weichen,
Wir schießen hinterdrein!
Welch Glück sondergleichen,
Ein Mannsbild zu sein!

Brackenburg hat unter dem Singen Klärchen oft angesehen; zuletzt bleibt ihm die Stimme stocken, die Tränen kommen ihm in die Augen, er läßt den Strang fallen und geht ans Fenster. Klärchen singt das Lied allein aus, die Mutter winkt ihr halb unwillig, sie steht auf, geht einige Schritte nach ihm hin, kehrt halb unschlüssig wieder um und setzt sich.

MUTTER. Was gibt's auf der Gasse, Brackenburg? Ich höre marschieren.

BRACKENBURG. Es ist die Leibwache der Regentin.

KLARE. Um diese Stunde? was soll das bedeuten? Sie steht auf und geht an das Fenster zu Brackenburg. Das ist nicht die tägliche Wache, das sind weit mehr! Fast alle ihre Haufen. O Brackenburg, geht! hört einmal, was es gibt? Es muß etwas Besonderes sein. Geht, guter Brackenburg, tut mir den Gefallen!

BRACKENBURG. Ich gehe! Ich bin gleich wieder da! Er reicht ihr abgehend die Hand; sie gibt ihm die ihrige.

MUTTER. Du schickst ihn schon wieder weg!

KLARE. Ich bin neugierig; und auch, verdenkt mir's nicht, seine Gegenwart tut mir weh. Ich weiß immer nicht, wie ich mich gegen ihn betragen soll. Ich habe unrecht gegen ihn, und mich nagt's am Herzen, daß er es so lebendig fühlt. – Kann ich's doch nicht ändern!

MUTTER. Es ist ein so treuer Bursche.

KLARE. Ich kann's auch nicht lassen, ich muß ihm freundlich begegnen. Meine Hand drückt sich oft unversehens zu, wenn die seine mich so leise, so liebevoll anfaßt. Ich mache mir Vorwürfe, daß ich ihn betrüge, daß ich in seinem Herzen eine vergebliche Hoffnung nähre. Ich bin übel dran. Weiß Gott, ich betrüg ihn nicht. Ich will nicht, daß er hoffen soll, und ich kann ihn doch nicht verzweifeln lassen.

MUTTER. Das ist nicht gut.

KLARE. Ich hatte ihn gern und will ihm auch noch wohl in der Seele. Ich hätte ihn heiraten können und glaube, ich war nie in ihn verliebt.

MUTTER. Glücklich wärst du immer mit ihm gewesen.

KLARE. Wäre versorgt und hätte ein ruhiges Leben.

MUTTER. Und das ist alles durch deine Schuld verscherzt.

KLARE. Ich bin in einer wunderlichen Lage. Wenn ich so nachdenke, wie es gegangen ist, weiß ich's wohl und weiß es nicht. Und dann darf ich Egmont nur wieder ansehen, wird mir alles sehr begreiflich, ja, wäre mir weit mehr begreiflich. Ach, was ist's ein Mann! Alle Provinzen beten ihn an, und ich in seinem Arm sollte nicht das glücklichste Geschöpf von der Welt sein?

MUTTER. Wie wird's in der Zukunft werden?

KLARE. Ach, ich frage nur, ob er mich liebt; und ob er mich liebt, ist das eine Frage?

MUTTER. Man hat nichts als Herzensangst mit seinen Kindern. Wie das ausgehen wird! Immer Sorge und Kummer! Es geht nicht gut aus! Du hast dich unglücklich gemacht! mich unglücklich gemacht.

KLARE *gelassen*. Ihr ließet es doch im Anfange.

MUTTER. Leider war ich zu gut, bin immer zu gut.

KLARE. Wenn Egmont vorbeiritt und ich ans Fenster lief, schaltet Ihr mich da? Tratet Ihr nicht selbst ans Fenster? Wenn er heraufsah, lächelte, nickte, mich grüßte: war es Euch zuwider? Fandet Ihr Euch nicht selbst in Eurer Tochter geehrt?

MUTTER. Mache mir noch Vorwürfe!

KLARE *gerührt.* Wenn er nun öfter die Straße kam und wir wohl fühlten, daß er um meinetwillen den Weg machte, bemerktet Ihr's nicht selbst mit heimlicher Freude? Rieft Ihr mich ab, wenn ich hinter den Scheiben stand und ihn erwartete?

MUTTER. Dachte ich, daß es so weit kommen sollte?

KLARE *mit stockender Stimme und zurückgehaltenen Tränen.* Und wie er uns abends, in den Mantel eingehüllt, bei der Lampe überraschte, wer war geschäftig, ihn zu empfangen, da ich auf meinem Stuhl wie angekettet und staunend sitzen blieb?

MUTTER. Und konnte ich fürchten, daß diese unglückliche Liebe das kluge Klärchen so bald hinreißen würde? Ich muß es nun tragen, daß meine Tochter –

KLARE *mit ausbrechenden Tränen.* Mutter! Ihr wollt's nun! Ihr habt Eure Freude, mich zu ängstigen.

MUTTER *weinend.* Weine noch gar! mache mich noch elender durch deine Betrübnis! Ist mir's nicht Kummer genug, daß meine einzige Tochter ein verworfenes Geschöpf ist?

KLARE *aufstehend und kalt.* Verworfen! Egmonts Geliebte verworfen? – Welche Fürstin neidete nicht das arme Klärchen um den Platz an seinem Herzen! O Mutter – meine Mutter, so redetet Ihr sonst nicht. Liebe Mutter, seid gut! – Das Volk, was das denkt, die Nachbarinnen, was die murmeln – Diese Stube, dieses kleine Haus ist ein Himmel, seit Egmonts Liebe drin wohnt.

MUTTER. Man muß ihm hold sein! das ist wahr. Er ist immer so freundlich, frei und offen.

KLARE. Es ist keine falsche Ader an ihm. Seht, Mutter, und er ist doch der große Egmont. Und wenn er zu mir kommt, wie er so lieb ist, so gut! wie er mir seinen Stand, seine Tapferkeit gerne verbärge! wie er um mich besorgt ist! so nur Mensch, nur Freund, nur Liebster.

MUTTER. Kommt er wohl heute?

KLARE. Habt Ihr mich nicht oft ans Fenster gehen sehn? Habt Ihr nicht bemerkt, wie ich horche, wenn's an der Tür rauscht? – Ob ich schon weiß, daß er vor Nacht nicht kommt, vermut ich ihn doch jeden Augenblick, von morgens an, wenn ich aufstehe. Wär ich nur ein Bube und könnte immer mit ihm gehen, zu Hofe und überall hin! Könnt ihm die Fahne nachtragen in der Schlacht!

MUTTER. Du warst immer so ein Springinsfeld; als ein kleines Kind schon, bald toll, bald nachdenklich. Ziehst du dich nicht ein wenig besser an?

KLARE. Vielleicht, Mutter! wenn ich Langeweile habe. – Gestern, denkt, gingen von seinen Leuten vorbei und sangen Lobliedchen auf ihn. Wenigstens war sein Name in den Liedern! das übrige konnte ich nicht verstehn. Das Herz schlug mir bis an den Hals. – Ich hätte sie gern zurückgerufen, wenn ich mich nicht geschämt hätte.

MUTTER. Nimm dich in acht! Dein heftiges Wesen verdirbt noch alles; du verrätst dich offenbar vor den Leuten. Wie neulich bei dem Vetter, wie du den Holzschnitt und die Beschreibung fandst und mit einem Schrei riefst: Graf Egmont! – Ich ward feuerrot.

KLARE. Hätt ich nicht schreien sollen? Es war die Schlacht bei Gravelingen, und ich finde oben im Bilde den Buchstaben C. und suche unten in der Beschreibung C. Steht da: ›Graf Egmont, dem das Pferd unter dem Leibe totgeschossen wird.‹ Mich überlief's – und hernach mußt ich lachen Über den holzgeschnitzten Egmont, der so groß war als der Turm von Gravelingen gleich dabei und die englischen Schiffe an der Seite. – Wenn ich mich manchmal erinnere, wie ich mir sonst eine Schlacht vorgestellt, und was ich mir als Mädchen für ein Bild vom Grafen Egmont machte, wenn sie von ihm erzählten, und von allen Grafen und Fürsten – und wie mir's jetzt ist! *Brackenburg kommt.*

KLARE. Wie steht's?

BRACKENBURG. Man weiß nichts Gewisses. In Flandern soll neuerdings ein Tumult entstanden sein; die Regentin soll besorgen, er möchte sich hieher verbreiten. Das Schloß ist stark besetzt, die Bürger sind zahlreich an den Toren, das Volk summt in den Gassen. – Ich will nur schnell zu meinem alten Vater. *Als wollt er gehen.*

KLARE. Sieht man Euch morgen? Ich will mich ein wenig anziehen. Der Vetter kommt, und ich sehe gar zu liederlich aus. Helft mir einen Augenblick, Mutter! – Nehmt das Buch mit, Brackenburg, und bringt mir wieder so eine Historie!

MUTTER. Lebt wohl.

BRACKENBURG *seine Hand reichend.* Eure Hand!

KLARE *ihre Hand versagend.* Wenn Ihr wiederkommt.

Mutter und Tochter ab.

BRACKENBURG *allein.* Ich hatte mir vorgenommen, gerade wieder fortzugehn, und da sie es dafür aufnimmt und mich gehen läßt, möcht ich rasend werden. – Unglücklicher! und dich rührt deines Vaterlandes Geschick nicht? der wachsende Tumult nicht? – und gleich ist dir Landsmann oder Spanier, und wer regiert und wer recht hat? – War ich doch ein andrer Junge als Schulknabe! – Wenn da ein Exerzitium aufgegeben war: ›Brutus' Rede für die Freiheit, zur Übung der Redekunst‹, da war doch immer Fritz der Erste, und der Rektor sagte: Wenn's nur ordentlicher wäre, nur nicht alles so übereinander gestolpert. – Damals kocht es und trieb! – Jetzt schlepp ich mich an den Augen des Mädchens so hin. Kann ich sie doch nicht lassen! Kann sie mich doch nicht lieben! – Ach – Nein Sie – Sie kann mich nicht ganz verworfen haben – – Nicht ganz – und halb und nichts! – Ich duld es nicht länger! – – Sollte es wahr sein, was mir ein Freund neulich ins Ohr sagte? daß sie nachts einen Mann heimlich zu sich einläßt, da sie mich züchtig immer vor Abend aus dem Hause treibt. Nein, es ist nicht wahr, es ist eine Lüge, eine schändliche verleumderische Lüge! Klärchen ist so unschuldig, als ich unglücklich bin. – Sie hat mich verworfen, hat mich von ihrem Herzen gestoßen – – Und ich soll so fortleben? Ich duld, ich duld es nicht. – – Schon wird mein Vaterland von innerm Zwiste heftiger bewegt, und ich sterbe unter dem Getümmel nur ab! Ich duld es nicht! – Wenn die Trompete klingt, ein Schuß fällt, mir fährt's durch Mark und Bein! Ach, es reizt mich nicht! es fordert mich nicht, auch mit einzugreifen, mit zu retten, zu wagen. – Elender, schimpflicher Zustand! Es ist besser, ich end auf einmal. Neulich stürzt ich mich ins Wasser, ich sank – aber die geängstete Natur war stärker; ich fühlte, daß ich schwimmen konnte, und rettete mich wider Willen. – – Könnt ich der Zeiten vergessen, da sie mich liebte, mich zu lieben schien! – Warum hat mir's Mark und Bein durchdrungen, das Glück? Warum haben mir diese Hoffnungen allen Genuß des Lebens aufgezehrt, indem sie mir ein Paradies von weitem zeigten? – Und jener erste Kuß! Jener einzige! – Hier, die Hand auf den Tisch legend hier waren wir allein – sie war immer gut und freundlich gegen mich gewesen – da schien sie sich zu er- weichen – sie sah mich an – alle Sinnen gingen mir um, und ich fühlte ihre Lippen auf den meinigen. – Und – und nun? – Stirb, Armer! Was zauderst du? *Er zieht ein Fläschchen aus der Tasche.* Ich will dich nicht umsonst aus meines Bruders Doktor- kästchen gestohlen haben, heilsames Gift! Du sollst mir dieses Bangen, diese Schwindel, diese Todesschweiße auf einmal ver- schlingen und lösen.

Zweiter Aufzug

Platz in Brüssel.
Jetter und ein Zimmermeister treten zusammen.

ZIMMERMEISTER. Sagt ich's nicht voraus? Noch vor acht Tagen auf der Zunft sagt ich, es würde schwere Händel geben.

JETTER. Ist's denn wahr, daß sie die Kirchen in Flandern geplündert haben?

ZIMMERMEISTER. Ganz und gar zugrunde gerichtet haben sie Kirchen und Kapellen. Nichts als die vier nackten Wände haben sie stehen lassen. Lauter Lumpengesindel! Und das macht unsre gute Sache schlimm. Wir hätten eher, in der Ordnung, und standhaft, unsere Gerechtsame der Regentin vortragen und drauf halten sollen. Reden wir jetzt, versammeln wir uns jetzt, so heißt es, wir gesellen uns zu den Aufwieglern.

JETTER. Ja, so denkt jeder zuerst: was sollst du mit deiner Nase voran? hängt doch der Hals gar nah damit zusammen.

ZIMMERMEISTER. Mir ist's bange, wenn's einmal unter dem Pack zu lärmen anfängt, unter dem Volk, das nichts zu verlieren hat. Die brauchen das zum Vorwande, worauf wir uns auch berufen müssen, und bringen das Land in Unglück.

Soest tritt dazu.

SOEST. Guten Tag, ihr Herrn! Was gibt's Neues? Ist's wahr, daß die Bilderstürmer gerade hierher ihren Lauf nehmen?

ZIMMERMEISTER. Hier sollen sie nichts anrühren.

SOEST. Es trat ein Soldat bei mir ein, Tobak zu kaufen; den fragt ich aus. Die Regentin, so eine wackre kluge Frau sie bleibt, diesmal ist sie außer Fassung. Es muß sehr arg sein, daß sie sich so geradezu hinter ihre Wache versteckt. Die Burg ist scharf besetzt. Man meint sogar, sie wolle aus der Stadt flüchten.

ZIMMERMEISTER. Hinaus soll sie nicht! Ihre Gegenwart beschützt uns, und wir wollen ihr mehr Sicherheit verschaffen als ihre Stutzbärte. Und wenn sie uns unsere Rechte und Freiheiten aufrecht erhält, so wollen wir sie auf den Händen tragen.

Seifensieder tritt dazu.

SEIFENSIEDER. Garstige Händel! Üble Händel! Es wird unruhig und geht schief aus! – Hütet euch, daß ihr stille bleibt, daß man euch nicht auch für Aufwiegler hält.

SOEST. Da kommen die sieben Weisen aus Griechenland.

SEIFENSIEDER. Ich weiß, da sind viele, die es heimlich mit den Calvinisten halten, die auf die Bischöfe lästern, die den König nicht scheuen. Aber ein treuer Untertan, ein aufrichtiger Katholike –

Es gesellt sich nach und nach allerlei Volk zu ihnen und horcht.
Vansen tritt dazu.

VANSEN. Gott grüß euch Herren! Was Neues?

ZIMMERMEISTER. Gebt euch mit dem nicht ab, das ist ein schlechter Kerl.

JETTER. Ist es nicht der Schreiber beim Doktor Wiets?

ZIMMERMEISTER. Er hat schon viele Herren gehabt. Erst war er Schreiber, und wie ihn ein Patron nach dem andern fortjagte, Schelmstreiche halber, pfuscht er jetzt Notaren und Advokaten ins Handwerk, und ist ein Branntweinzapf.

Es kommt mehr Volk zusammen und steht truppweise.

VANSEN. Ihr seid auch versammelt, steckt die Köpfe zusammen. Es ist immer redenswert.

SOEST. Ich denk auch.

VANSEN. Wenn jetzt einer oder der andere Herz hätte, und einer oder der andere den Kopf dazu, wir könnten die spanischen Ketten auf einmal sprengen.

SOEST. Herre! So müßt Ihr nicht reden! Wir haben dem König geschworen.

VANSEN. Und der König uns. Merkt das!

JETTER. Das läßt sich hören! Sagt Eure Meinung!

EINIGE ANDERE. Horch, der versteht's! Der hat Pfiffe.

VANSEN. Ich hatte einen alten Patron, der besaß Pergamente und Briefe von uralten Stiftungen, Kontrakten und Gerechtigkeiten; er hielt auf die rarsten Bücher. In einem stand unsere ganze Verfassung: wie uns Niederländer zuerst einzelne Fürsten regierten, alles nach hergebrachten Rechten, Privilegien und Gewohnheiten; wie unsre Vorfahren alle Ehrfurcht für ihren Fürsten gehabt, wenn er sie regiert, wie er sollte; und wie sie sich gleich vorsahen, wenn er über die Schnur hauen wollte. Die Staaten waren gleich hinterdrein: denn jede Provinz, so klein sie war, hatte ihre Staaten, ihre Landstände.

ZIMMERMEISTER. Haltet Euer Maul! das weiß man lange! Ein jeder rechtschaffene Bürger ist, soviel er braucht, von der Verfassung unterrichtet.

JETTER. Laßt ihn reden; man erfährt immer etwas mehr.

SOEST. Er hat ganz recht.

MEHRERE. Erzählt! erzählt! So was hört man nicht alle Tage.

VANSEN. So seid ihr Bürgersleute! Ihr lebt nur so in den Tag hin; und wie ihr euer Gewerb von euern Eltern überkommen habt, so laßt ihr auch das Regiment über euch schalten und walten, wie es kann und mag. Ihr fragt nicht nach dem Herkommen, nach der Historie, nach dem Recht eines Regenten; und über das Versäumnis haben euch die Spanier das Netz über die Ohren gezogen.

SOEST. Wer denkt dadran? wenn einer nur das tägliche Brot hat.

JETTER. Verflucht! Warum tritt auch keiner in Zeiten auf und sagt einem so etwas?

VANSEN. Ich sag es euch jetzt. Der König in Spanien, der die Provinzen durch gut Glück zusammen besitzt, darf doch nicht drin schalten und walten, anders als die kleinen Fürsten, die sie ehemals einzeln besaßen. Begreift ihr das?

JETTER. Erklärt's uns!

VANSEN. Es ist so klar als die Sonne. Müßt ihr nicht nach euern Landrechten gerichtet werden? Woher käme das?

EIN BÜRGER. Wahrlich!

VANSEN. Hat der Brüsseler nicht ein ander Recht als der Antwerper? der Antwerper als der Genter? Woher käme denn das?

ANDERER BÜRGER. Bei Gott!

VANSEN. Aber wenn ihr's so fortlaufen laßt, wird man's euch bald anders weisen. Pfui! Was Karl der Kühne, Friedrich der Krieger, Karl der Fünfte nicht konnten, das tut nun Philipp durch ein Weib.

SOEST. Ja ja! Die alten Fürsten haben's auch schon probiert.

VANSEN. Freilich! – Unsere Vorfahren paßten auf. Wie sie einem Herrn gram wurden, fingen sie ihm etwa seinen Sohn und Erben weg, hielten ihn bei sich und gaben ihn nur auf die besten Bedingungen heraus. Unsere Väter waren Leute! Die wußten, was ihnen nütz war! Die wußten etwas zu fassen und festzusetzen! Rechte Männer! Dafür sind aber auch unsere Privilegien so deutlich, unsere Freiheiten so versichert.

SEIFENSIEDER. Was sprecht Ihr von Freiheiten?

DAS VOLK. Von unsern Freiheiten, von unsern Privilegien! Erzählt noch was von unsern Privilegien!

VANSEN. Wir Brabanter besonders, obgleich alle Provinzen ihre Vorteile haben, wir sind am herrlichsten versehen. Ich habe alles gelesen.

SOEST. Sagt an!

JETTER. Laßt hören!

EIN BÜRGER. Ich bitt Euch.

VANSEN. Erstlich geschrieben: Der Herzog von Brabant soll uns ein guter und getreuer Herr sein.

SOEST. Gut? Steht das so?

JETTER. Getreu? Ist das wahr?

VANSEN. Wie ich euch sage. Er ist uns verpflichtet, wie wir ihm. Zweitens: Er soll keine Macht oder eignen Willen an uns beweisen, merken lassen, oder gedenken zu gestatten, auf keinerlei Weise.

JETTER. Schön! Schön! nicht beweisen.

SOEST. Nicht merken lassen.

EIN ANDERER. Und nicht gedenken zu gestatten! Das ist der Hauptpunkt. Niemanden gestatten, auf keinerlei Weise.

VANSEN. Mit ausdrücklichen Worten.

JETTER. Schafft uns das Buch!

EIN BÜRGER. Ja, wir müssen's haben.

ANDERE. Das Buch! das Buch!

EIN ANDERER. Wir wollen zu der Regentin gehen mit dem Buche.

EIN ANDERER. Ihr sollt das Wort führen, Herr Doktor!

SEIFENSIEDER. O die Tröpfe!

ANDERE. Noch etwas aus dem Buche!

SEIFENSIEDER. Ich schlage ihm die Zähne in den Hals, wenn er noch ein Wort sagt.

DAS VOLK. Wir wollen sehen, wer ihm etwas tut. Sagt uns was von den Privilegien! Haben wir noch mehr Privilegien?

VANSEN. Mancherlei, und sehr gute, sehr heilsame. Da steht auch: Der Landsherr soll den geistlichen Stand nicht verbessern oder mehren, ohne Verwilligung des Adels und der Stände! Merkt das! Auch den Staat des Landes nicht verändern.

SOEST. Ist das so?

VANSEN. Ich will's euch geschrieben zeigen von zwei-, dreihundert Jahren her.

BÜRGER. Und wir leiden die neuen Bischöfe? Der Adel muß uns schützen, wir fangen Händel an!

ANDERE. Und wir lassen uns von der Inquisition ins Bockshorn jagen?

VANSEN. Das ist eure Schuld.

DAS VOLK. Wir haben noch Egmont! noch Oranien! Die sorgen für unser Bestes.

VANSEN. Eure Brüder in Flandern haben das gute Werk angefangen.

SEIFENSIEDER. Du Hund! *Er schlägt ihn.*

ANDERE *widersetzen sich und rufen.* Bist du auch ein Spanier?

EIN ANDERER. Was? den Ehrenmann?

EIN ANDERER. Den Gelahrten?

Sie fallen den Seifensieder an.

ZIMMERMEISTER. Um's Himmels willen, ruht! Andere mischen sich in den Streit. Bürger, was soll das?

Buben pfeifen, werfen mit Steinen, hetzen Hunde an, Bürger stehn und gaffen, Volk läuft zu, andere gehn gelassen auf und ab, andere treiben allerlei Schalkspossen, schreien und jubilieren.

ANDERE. Freiheit und Privilegien! Privilegien und Freiheit! *Egmont tritt auf mit Begleitung.*

EGMONT. Ruhig! Ruhig, Leute! Was gibt's? Ruhe! Bringt sie auseinander!

ZIMMERMEISTER. Gnädiger Herr, Ihr kommt wie ein Engel des Himmels. Stille! seht ihr nichts? Graf Egmont! Dem Grafen Egmont Reverenz!

EGMONT. Auch hier? Was fangt ihr an? Bürger gegen Bürger! Hält sogar die Nähe unsrer königlichen Regentin diesen Unsinn nicht zurück? Geht auseinander, geht an euer Gewerbe! Es ist ein übles Zeichen, wenn ihr an Werktagen feiert. Was war's?

Der Tumult stillt sich nach und nach, und alle stehen um ihn herum.

ZIMMERMEISTER. Sie schlagen sich um ihre Privilegien.

EGMONT. Die sie noch mutwillig zertrümmern werden – Und wer seid Ihr? Ihr scheint mir rechtliche Leute.

ZIMMERMEISTER. Das ist unser Bestreben.

EGMONT. Eures Zeichens?

ZIMMERMEISTER. Zimmermann und Zunftmeister.

EGMONT. Und Ihr?

SOEST. Krämer.

EGMONT. Ihr?

JETTER. Schneider.

EGMONT. Ich erinnere mich, Ihr habt mit an den Livreen für meine Leute gearbeitet. Euer Name ist Jetter.

JETTER. Gnade, daß Ihr Euch dessen erinnert.

EGMONT. Ich vergesse niemanden leicht, den ich einmal gesehen und gesprochen habe. – Was an euch ist, Ruhe zu erhalten, Leute, das tut; ihr seid übel genug angeschrieben. Reizt den König nicht mehr, er hat zuletzt doch die Gewalt in Händen.

Ein ordentlicher Bürger, der sich ehrlich und fleißig nährt, hat überall soviel Freiheit, als er braucht.

ZIMMERMEISTER. Ach wohl! das ist eben unsre Not! Die Tagdiebe, die Söffer, die Faulenzer, mit Euer Gnaden Verlaub, die stänkern aus Langerweile, und scharren aus Hunger nach Privilegien, und lügen den Neugierigen und Leichtgläubigen was vor, und um eine Kanne Bier bezahlt zu kriegen, fangen sie Händel an, die viel tausend Menschen unglücklich machen. Das ist ihnen eben recht. Wir halten unsre Häuser und Kasten zu gut verwahrt; da möchten sie gern uns mit Feuerbränden davon treiben.

EGMONT. Allen Beistand sollt ihr finden; es sind Maßregeln genommen, dem Übel kräftig zu begegnen. Steht fest gegen die fremde Lehre und glaubt nicht, durch Aufruhr befestige man Privilegien. Bleibt zu Hause; leidet nicht, daß sie sich auf den Straßen rotten! Vernünftige Leute können viel tun.

Indessen hat sich der größte Haufe verlaufen.

ZIMMERMEISTER. Danken Euer Exzellenz, danken für die gute Meinung! Alles, was an uns liegt. *Egmont ab.* Ein gnädiger Herr! der echte Niederländer! Gar so nichts Spanisches.

JETTER. Hätten wir ihn nur zum Regenten! Man folgt' ihm gerne.

SOEST. Das läßt der König wohl sein. Den Platz besetzt er immer mit den Seinigen.

JETTER. Hast du das Kleid gesehen? Das war nach der neuesten Art, nach spanischem Schnitt.

ZIMMERMEISTER. Ein schöner Herr!

JETTER. Sein Hals wär ein rechtes Fressen für einen Scharfrichter.

SOEST. Bist du toll? was kommt dir ein?

JETTER. Dumm genug, daß einem so etwas einfällt. – Es ist mir nun so. Wenn ich einen schönen langen Hals sehe, muß ich gleich wider Willen denken: Der ist gut köpfen. – Die verfluchten

Exekutionen! man kriegt sie nicht aus dem Sinne. Wenn die Bursche schwimmen und ich seh einen nackten Buckel, gleich fallen sie mir zu Dutzenden ein, die ich habe mit Ruten streichen sehen. Begegnet mir ein rechter Wanst, mein ich, den säh ich schon am Pfahl braten. Des Nachts im Traume zwickt mich's an allen Gliedern; man wird eben keine Stunde froh. Jede Lustbarkeit, jeden Spaß hab ich bald vergessen; die fürchterlichen Gestalten sind mir wie vor die Stirne gebrannt.

Egmonts Wohnung.
Sekretär an einem Tische mit Papieren, er steht unruhig auf.

SEKRETÄR. Er kommt immer nicht! und ich warte schon zwei Stunden, die Feder in der Hand, die Papiere vor mir; und eben heute möcht ich gern so zeitig fort. Es brennt mir unter den Sohlen! Ich kann vor Ungeduld kaum bleiben. ›Sei auf die Stunde da‹, befahl er mir noch, ehe er wegging; nun kommt er nicht. Es ist so viel zu tun, ich werde vor Mitternacht nicht fertig. Freilich sieht er einem auch einmal durch die Finger. Doch hielt' ich's besser, wenn er strenge wäre und ließe einen auch wieder zur bestimmten Zeit. Man könnte sich einrichten. Von der Regentin ist er nun schon zwei Stunden weg; wer weiß, wen er unterwegs angefaßt hat.

Egmont tritt auf.

EGMONT. Wie sieht's aus?
SEKRETÄR. Ich bin bereit, und drei Boten warten.
EGMONT. Ich bin dir wohl zu lang geblieben; du machst ein verdrießlich Gesicht.
SEKRETÄR. Eurem Befehl zu gehorchen, wart ich schon lange. Hier sind die Papiere!

EGMONT. Donna Elvira wird böse auf mich werden, wenn sie hört, daß ich dich abgehalten habe.

SEKRETÄR. Ihr scherzt.

EGMONT. Nein, nein. Schäme dich nicht! Du zeigst einen guten Geschmack. Sie ist hübsch; und es ist mir ganz recht, daß du auf dem Schlosse eine Freundin hast. Was sagen die Briefe?

SEKRETÄR. Mancherlei, und wenig Erfreuliches.

EGMONT. Da ist gut, daß wir die Freude zu Hause haben und sie nicht von auswärts zu erwarten brauchen. Ist viel gekommen?

SEKRETÄR. Genug, und drei Boten warten.

EGMONT. Sag an! das Nötigste.

SEKRETÄR. Es ist alles nötig.

EGMONT. Eins nach dem andern, nur geschwind!

SEKRETÄR. Hauptmann Breda schickt die Relation, was weiter in Gent und der umliegenden Gegend vorgefallen. Der Tumult hat sich meistens gelegt. –

EGMONT. Er schreibt wohl noch von einzelnen Ungezogenheiten und Tollkühnheiten?

SEKRETÄR. Ja! Es kommt noch manches vor.

EGMONT. Verschone mich damit!

SEKRETÄR. Noch sechs sind eingezogen worden, die bei Verwich das Marienbild umgerissen haben. Er fragt an, ob er sie auch wie die andern soll hängen lassen.

EGMONT. Ich bin des Hängens müde. Man soll sie durchpeitschen, und sie mögen gehen.

SEKRETÄR. Es sind zwei Weiber dabei; soll er die auch durchpeitschen?

EGMONT. Die mag er verwarnen und laufen lassen.

SEKRETÄR. Brink von Bredas Kompagnie will heiraten. Der Hauptmann hofft, Ihr werdet's ihm abschlagen. Es sind so viele Weiber bei dem Haufen, schreibt er, daß, wenn wir ausziehen, es keinem Soldatenmarsch, sondern einem Zigeuner-Geschleppe ähnlich sehen wird.

EGMONT. Dem mag's noch hingehen! Es ist ein schöner junger Kerl; er bat mich noch gar dringend, eh ich wegging. Aber nun soll's keinem mehr gestattet sein, so leid mir's tut, den armen Teufeln, die ohnedies geplagt genug sind, ihren besten Spaß zu versagen.

SEKRETÄR. Zwei von Euern Leuten, Seter und Hart, haben einem Mädel, einer Wirtstochter, übel mitgespielt. Sie kriegten sie allein, und die Dirne konnte sich ihrer nicht erwehren.

EGMONT. Wenn es ein ehrlich Mädchen ist, und sie haben Gewalt gebraucht, so soll er sie drei Tage hintereinander mit Ruten streichen lassen, und wenn sie etwas besitzen, soll er so viel davon einziehen, daß dem Mädchen eine Ausstattung gereicht werden kann.

SEKRETÄR. Einer von den fremden Lehrern ist heimlich durch Comines gegangen und entdeckt worden. Er schwört, er sei im Begriff, nach Frankreich zu gehen. Nach dem Befehl soll er enthauptet werden.

EGMONT. Sie sollen ihn in der Stille an die Grenze bringen und ihm versichern, daß er das zweite Mal nicht so wegkommt.

SEKRETÄR. Ein Brief von Euerm Einnehmer. Er schreibt: es komme wenig Geld ein, er könne auf die Woche die verlangte Summe schwerlich schicken; der Tumult habe in alles die größte Konfusion gebracht.

EGMONT. Das Geld muß herbei! er mag sehen, wie er es zusammenbringt.

SEKRETÄR. Er sagt: er werde sein möglichstes tun, und wolle endlich den Raymond, der Euch so lange schuldig ist, verklagen und in Verhaft nehmen lassen.

EGMONT. Der hat ja versprochen zu bezahlen.

SEKRETÄR. Das letzte Mal setzte er sich selbst vierzehn Tage.

EGMONT. So gebe man ihm noch vierzehn Tage; und dann mag er gegen ihn verfahren.

SEKRETÄR. Ihr tut wohl. Es ist nicht Unvermögen; es ist böser Wille. Er macht gewiß Ernst, wenn er sieht, Ihr spaßt nicht. – Ferner sagt der Einnehmer: er wolle den alten Soldaten, den Witwen und einigen andern, denen Ihr Gnadengehalte gebt, die Gebühr einen halben Monat zurückhalten; man könne indessen Rat schaffen; sie möchten sich einrichten.

EGMONT. Was ist da einzurichten? Die Leute brauchen das Geld nötiger als ich. Das soll er bleiben lassen.

SEKRETÄR. Woher befehlt Ihr denn, daß er das Geld nehmen soll?

EGMONT. Darauf mag er denken; es ist ihm im vorigen Briefe schon gesagt.

SEKRETÄR. Deswegen tut er die Vorschläge.

EGMONT. Die taugen nicht. Er soll auf was anders sinnen. Er soll Vorschläge tun, die annehmlich sind, und vor allem soll er das Geld schaffen.

SEKRETÄR. Ich habe den Brief des Grafen Oliva wieder hieher gelegt. Verzeiht, daß ich Euch daran erinnere. Der alte Herr verdient vor allen andern eine ausführliche Antwort. Ihr wolltet ihm selbst schreiben. Gewiß, er liebt Euch wie ein Vater.

EGMONT. Ich komme nicht dazu. Und unter vielem Verhaßten ist mir das Schreiben das Verhaßteste. Du machst meine Hand ja so gut nach, schreib in meinem Namen! Ich erwarte Oranien. Ich komme nicht dazu; und wünschte selbst, daß ihm auf seine Bedenklichkeiten was recht Beruhigendes geschrieben würde.

SEKRETÄR. Sagt mir nur ungefähr Eure Meinung; ich will die Antwort schon aufsetzen und sie Euch vorlegen. Geschrieben soll sie werden, daß sie vor Gericht für Eure Hand gelten kann.

EGMONT. Gib mir den Brief! *Nachdem er hineingesehen.* Guter ehrlicher Alter! Warst du in deiner Jugend auch wohl so bedächtig? Erstiegst du nie einen Wall? Bliebst du in der Schlacht, wo es die Klugheit anrät, hinten? – Der Treue, Sorgliche! Er will mein Leben und mein Glück, und fühlt nicht, daß er schon tot ist, der um seiner Sicherheit willen lebt. – Schreib ihm, er möge unbesorgt sein; ich handle, wie ich soll, ich werde mich schon wahren: sein Ansehn bei Hofe soll er zu meinen Gunsten brauchen und meines vollkommnen Dankes gewiß sein.

SEKRETÄR. Nichts weiter? O, er erwartet mehr!

EGMONT. Was soll ich mehr sagen? Willst du mehr Worte machen, so steht's bei dir. Es dreht sich immer um den einen Punkt: ich soll leben, wie ich nicht leben mag. Daß ich fröhlich bin, die Sachen leicht nehme, rasch lebe, das ist mein Glück; und ich vertausch es nicht gegen die Sicherheit eines Totengewölbes. Ich habe nun zu der spanischen Lebensart nicht einen Blutstropfen in meinen Adern, nicht Lust, meine Schritte nach der neuen bedächtigen Hofkadenz zu mustern. Leb ich nur, um aufs Leben zu denken? Soll ich den gegenwärtigen Augenblick nicht genießen, damit ich des folgenden gewiß sei? Und diesen wieder mit Sorgen und Grillen verzehren?

SEKRETÄR. Ich bitt Euch, Herr; seid nicht so harsch und rauh gegen den guten Mann! Ihr seid ja sonst gegen alle freundlich. Sagt mir ein gefällig Wort, das den edeln Freund beruhige. Seht, wie sorgfältig er ist, wie leis er Euch berührt!

EGMONT. Und doch berührt er immer diese Saite. Er weiß von alters her, wie verhaßt mir diese Ermahnungen sind; sie machen nur irre, sie helfen nichts. Und wenn ich ein Nachtwandler wäre, und auf dem gefährlichen Gipfel eines Hauses spazierte, ist es freundschaftlich, mich beim Namen zu rufen und mich zu warnen, zu wecken und zu töten? Laßt jeden seines Pfades gehn; er mag sich wahren.

SEKRETÄR. Es ziemt Euch, nicht zu sorgen, aber wer Euch kennt und liebt –

EGMONT *in den Brief sehend.* Da bringt er wieder die alten Märchen auf, was wir an einem Abend in leichtem Übermut der Geselligkeit und des Weins getrieben und gesprochen; und was man daraus für Folgen und Beweise durchs ganze Königreich gezogen und geschleppt habe. – Nun gut, wir haben Schellenkappen, Narrenkutten auf unsrer Diener Ärmel sticken lassen, und haben diese tolle Zierde nachher in ein Bündel Pfeile verwandelt; ein noch gefährlicher Symbol für alle, die deuten wollen, wo nichts zu deuten ist. Wir haben die und jene Torheit in einem lustigen Augenblick empfangen gleich und geboren; sind schuld, daß eine ganze edle Schar mit Bettelsäcken und mit einem selbstgewählten Unnamen dem Könige seine Pflicht mit spottender Demut ins Gedächtnis rief; sind schuld – was ist's nun weiter? Ist ein Faßnachtsspiel gleich Hochverrat? Sind uns die kurzen bunten Lumpen zu mißgönnen, die ein jugendlicher Mut, eine angefrischte Phantasie um unsers Lebens arme Blöße hängen mag? Wenn ihr das Leben gar zu ernsthaft nehmt, was ist denn dran? Wenn uns der Morgen nicht zu neuen Freuden weckt, am Abend uns keine Lust zu hoffen übrig bleibt, ist's wohl des An- und Ausziehens wert? Scheint mir die Sonne heut, um das zu überlegen, was gestern war? und um zu raten, zu verbinden, was nicht zu erraten, nicht zu verbinden ist, das Schicksal eines kommenden Tages? Schenke mir diese Betrachtungen, wir wollen sie Schülern und Höflingen überlassen. Die mögen sinnen und aussinnen, wandeln und schleichen, gelangen, wohin sie können, erschleichen, was sie können. – Kannst du von allem diesem etwas brauchen, daß deine Epistel kein Buch wird, so ist mir's recht. Dem guten Alten scheint alles viel zu wichtig. So drückt ein Freund, der lang unsre Hand gehalten, sie stärker noch einmal, wenn er sie lassen will.

SEKRETÄR. Verzeiht mir, es wird dem Fußgänger schwindlig, der einen Mann mit rasselnder Eile daherfahren sieht.

EGMONT. Kind! Kind! nicht weiter! Wie von unsichtbaren Geistern gepeitscht, gehen die Sonnenpferde der Zeit mit unsers Schicksals leichtem Wagen durch; und uns bleibt nichts, als mutig gefaßt die Zügel festzuhalten, und bald rechts, bald links, vom Steine hier, vom Sturze da, die Räder wegzulenken. Wohin es geht, wer weiß es? Erinnert er sich doch kaum, woher er kam.

SEKRETÄR. Herr! Herr!

EGMONT. Ich stehe hoch und kann und muß noch höher steigen; ich fühle mir Hoffnung, Mut und Kraft. Noch hab ich meines Wachstums Gipfel nicht erreicht; und steh ich droben einst, so will ich fest, nicht ängstlich stehn. Soll ich fallen, so mag ein Donnerschlag, ein Sturmwind, ja ein selbst verfehlter Schritt mich abwärts in die Tiefe stürzen; da lieg ich mit viel Tausenden. Ich habe nie verschmäht, mit meinen guten Kriegsgesellen um kleinen Gewinst das blutige Los zu werfen; und sollt ich knickern, wenn's um den ganzen freien Wert des Lebens geht?

SEKRETÄR. O Herr! Ihr wißt nicht, was für Worte Ihr sprecht! Gott erhalt Euch!

EGMONT. Nimm deine Papiere zusammen! Oranien kommt. Fertige aus, was am nötigsten ist, daß die Boten fortkommen, eh die Tore geschlossen werden. Das andere hat Zeit. Den Brief an den Grafen laß bis morgen; versäume nicht, Elviren zu besuchen, und grüße sie von mir. – Horche, wie sich die Regentin befindet; sie soll nicht wohl sein, ob sie's gleich verbirgt. *Sekretär ab.*

Oranien kommt.

EGMONT. Willkommen, Oranien! Ihr scheint mir nicht ganz frei.

ORANIEN. Was sagt Ihr zu unsrer Unterhaltung mit der Regentin?

EGMONT. Ich fand in ihrer Art, uns aufzunehmen, nichts Außerordentliches. Ich habe sie schon öfter so gesehen. Sie schien mir nicht ganz wohl.

ORANIEN. Merktet Ihr nicht, daß sie zurückhaltender war? Erst wollte sie unser Betragen bei dem neuen Aufruhr des Pöbels gelassen billigen; nachher merkte sie an, was sich doch auch für ein falsches Licht darauf werfen lasse; wich dann mit dem Gespräche zu ihrem alten gewöhnlichen Diskurs: daß man ihre liebevolle, gute Art, ihre Freundschaft zu uns Niederländern nie genug erkannt, zu leicht behandelt habe, daß nichts einen erwünschten Ausgang nehmen wolle, daß sie am Ende wohl müde werden, der König sich zu andern Maßregeln entschließen müsse. Habt Ihr das gehört?

EGMONT. Nicht alles; ich dachte unterdessen an was anders. Sie ist ein Weib, guter Oranien, und die möchten immer gern, daß sich alles unter ihr sanftes Joch gelassen schmiegte, daß jeder Herkules die Löwenhaut ablegte und ihren Kunkelhof vermehrte; daß, weil sie friedlich gesinnt sind, die Gärung, die ein Volk ergreift, der Sturm, den mächtige Nebenbuhler gegen einander erregen, sich durch Ein freundlich Wort beilegen ließe, und die widrigsten Elemente sich zu ihren Füßen in sanfter Eintracht vereinigten. Das ist ihr Fall; und da sie es dahin nicht bringen kann, so hat sie keinen Weg, als launisch zu werden, sich über Undankbarkeit, Unweisheit zu beklagen, mit schrecklichen Aussichten in die Zukunft zu drohen, und zu drohen – daß sie fortgehn will.

ORANIEN. Glaubt Ihr dasmal nicht, daß sie ihre Drohung erfüllt?

EGMONT. Nimmermehr! Wie oft habe ich sie schon reisefertig gesehn! Wo will sie denn hin? Hier Statthalterin, Königin; glaubst du, daß sie es unterhalten wird, am Hofe ihres Bruders unbedeutende Tage abzuhaspeln? oder nach Italien zu gehen und sich in alten Familienverhältnissen herumzuschleppen?

ORANIEN. Man hält sie dieser Entschließung nicht fähig, weil ihr sie habt zaudern, weil ihr sie habt zurücktreten sehn; dennoch liegt's wohl in ihr; neue Umstände treiben sie zu dem lang verzögerten Entschluß. Wenn sie ginge? und der König schickte einen andern!

EGMONT. Nun, der würde kommen, und würde eben auch zu tun finden. Mit großen Planen, Projekten und Gedanken würde er kommen, wie er alles zurechtrücken, unterwerfen und zusammenhalten wolle; und würde heut mit dieser Kleinigkeit, morgen mit einer andern zu tun haben, übermorgen jene Hindernis finden, einen Monat mit Entwürfen, einen andern mit Verdruß über fehlgeschlagne Unternehmen, ein halb Jahr in Sorgen über eine einzige Provinz zubringen. Auch ihm wird die Zeit vergehn, der Kopf schwindeln, und die Dinge wie zuvor ihren Gang halten, daß er, statt weite Meere nach einer vorgezognen Linie zu durchsegeln, Gott danken mag, wenn er sein Schiff in diesem Sturme vom Felsen hält.

ORANIEN. Wenn man nun aber dem König zu einem Versuch riete?

EGMONT. Der wäre?

ORANIEN. Zu sehen, was der Rumpf ohne Haupt anfinge.

EGMONT. Wie?

ORANIEN. Egmont, ich trage viele Jahre her alle unsre Verhältnisse am Herzen, ich stehe immer wie über einem Schachspiele und halte keinen Zug des Gegners für unbedeutend; und wie müßige Menschen mit der größten Sorgfalt sich um die Geheimnisse der Natur bekümmern, so halt ich es für Pflicht, für Beruf eines Fürsten, die Gesinnungen, die Ratschläge aller Parteien zu kennen. Ich habe Ursach, einen Ausbruch zu befürchten. Der König hat lange nach gewissen Grundsätzen gehandelt; er sieht, daß er damit nicht auskommt; was ist wahrscheinlicher, als daß er es auf einem andern Wege versucht?

EGMONT. Ich glaub's nicht. Wenn man alt wird und hat so viel versucht, und es will in der Welt nie zur Ordnung kommen, muß man es endlich wohl genug haben.

ORANIEN. Eins hat er noch nicht versucht.

EGMONT. Nun?

ORANIEN. Das Volk zu schonen und die Fürsten zu verderben.

EGMONT. Wie viele haben das schon lange gefürchtet! Es ist keine Sorge.

ORANIEN. Sonst war's Sorge; nach und nach ist mir's Vermutung, zuletzt Gewißheit geworden.

EGMONT. Und hat der König treuere Diener als uns?

ORANIEN. Wir dienen ihm auf unsre Art; und unter einander können wir gestehen, daß wir des Königs Rechte und die unsrigen wohl abzuwägen wissen.

EGMONT. Wer tut's nicht? Wir sind ihm untertan und gewärtig, in dem, was ihm zukommt.

ORANIEN. Wenn er sich nun aber mehr zuschriebe, und Treulosigkeit nennte, was wir heißen: auf unsre Rechte halten?

EGMONT. Wir werden uns verteidigen können. Er rufe die Ritter des Vlieses zusammen, wir wollen uns richten lassen.

ORANIEN. Und was wäre ein Urteil vor der Untersuchung, eine Strafe vor dem Urteil?

EGMONT. Eine Ungerechtigkeit, der sich Philipp nie schuldig machen wird; und eine Torheit, die ich ihm und seinen Räten nicht zutraue.

ORANIEN. Und wenn sie nun ungerecht und töricht wären?

EGMONT. Nein, Oranien, es ist nicht möglich. Wer sollte wagen, Hand an uns zu legen? – Uns gefangen zu nehmen, wär ein verlornes und fruchtloses Unternehmen. Nein, sie wagen nicht, das Panier der Tyrannei so hoch aufzustecken. Der Windhauch, der diese Nachricht übers Land brächte, würde ein ungeheures Feuer zusammentreiben. Und wohinaus wollten sie? Richten und verdammen kann nicht der König allein; und wollten sie meuchelmörderisch an unser Leben? – Sie können nicht wollen. Ein schrecklicher Bund würde in einem Augenblick das Volk vereinigen. Haß und ewige Trennung vom spanischen Namen würde sich gewaltsam erklären.

ORANIEN. Die Flamme wütete dann über unserm Grabe, und das Blut unsrer Feinde flösse zum leeren Sühnopfer. Laß uns denken, Egmont!

EGMONT. Wie sollten sie aber?

ORANIEN. Alba ist unterwegs.

EGMONT. Ich glaub's nicht.

ORANIEN. Ich weiß es.

EGMONT. Die Regentin wollte nichts wissen.

ORANIEN. Um desto mehr bin ich überzeugt. Die Regentin wird ihm Platz machen. Seinen Mordsinn kenn ich, und ein Heer bringt er mit.

EGMONT. Aufs neue die Provinzen zu belästigen? Das Volk wird höchst schwierig werden.

ORANIEN. Man wird sich der Häupter versichern.

EGMONT. Nein! Nein!

ORANIEN. Laß uns gehen, jeder in seine Provinz. Dort wollen wir uns verstärken; mit offner Gewalt fängt er nicht an.

EGMONT. Müssen wir ihn nicht begrüßen, wenn er kommt?

ORANIEN. Wir zögern.

EGMONT. Und wenn er uns im Namen des Königs bei seiner Ankunft fordert?

ORANIEN. Suchen wir Ausflüchte.

EGMONT. Und wenn er dringt?

ORANIEN. Entschuldigen wir uns.

EGMONT. Und wenn er drauf besteht?

ORANIEN. Kommen wir um so weniger.

EGMONT. Und der Krieg ist erklärt, und wir sind die Rebellen. Oranien, laß dich nicht durch Klugheit verführen; ich weiß, daß Furcht dich nicht weichen macht. Bedenke den Schritt!

ORANIEN. Ich hab ihn bedacht.

EGMONT. Bedenke, wenn du dich irrst, woran du schuld bist: an dem verderblichsten Kriege, der je ein Land verwüstet hat. Dein Weigern ist das Signal, das die Provinzen mit einmal zu den Waffen ruft, das jede Grausamkeit rechtfertigt, wozu Spanien von jeher nur gern den Vorwand gehascht hat. Was wir lange mühselig gestillt haben, wirst du mit Einem Winke zur schrecklichsten Verwirrung aufhetzen. Denk an die Städte, die Edeln, das Volk, an die Handlung, den Feldbau, die Gewerbe! und denke die Verwüstung, den Mord! – Ruhig sieht der Soldat wohl im Felde seinen Kameraden neben sich hinfallen; aber den Fluß herunter werden dir die Leichen der Bürger, der Kinder, der Jungfrauen entgegenschwimmen, daß du mit Entsetzen dastehst und nicht mehr weißt, wessen Sache du verteidigst, da die zugrunde gehen, für deren Freiheit du die Waffen ergriffst. Und wie wird's dir sein, wenn du dir still sagen mußt: Für meine Sicherheit ergriff ich sie.

ORANIEN. Wir sind nicht einzelne Menschen, Egmont. Ziemt es sich, uns für Tausende hinzugeben, so ziemt es sich auch, uns für Tausende zu schonen.

EGMONT. Wer sich schont, muß sich selbst verdächtig werden.

ORANIEN. Wer sich kennt, kann sicher vor- und rückwärts gehen.

EGMONT. Das Übel, das du fürchtest, wird gewiß durch deine Tat.

ORANIEN. Es ist klug und kühn, dem unvermeidlichen Übel entgegenzugehn.

EGMONT. Bei so großer Gefahr kommt die leichteste Hoffnung in Anschlag.

ORANIEN. Wir haben nicht für den leisesten Fußtritt Platz mehr; der Abgrund liegt hart vor uns.

EGMONT. Ist des Königs Gunst ein so schmaler Grund?

ORANIEN. So schmal nicht, aber schlüpfrig.

EGMONT. Bei Gott! man tut ihm unrecht. Ich mag nicht leiden, daß man ungleich von ihm denkt! Er ist Karls Sohn und keiner Niedrigkeit fähig.

ORANIEN. Die Könige tun nichts Niedriges.

EGMONT. Man sollte ihn kennen lernen.

ORANIEN. Eben diese Kenntnis rät uns, eine gefährliche Probe nicht abzuwarten.

EGMONT. Keine Probe ist gefährlich, zu der man Mut hat.

ORANIEN. Du wirst aufgebracht, Egmont.

EGMONT. Ich muß mit meinen Augen sehen.

ORANIEN. O sähst du diesmal nur mit den meinigen! Freund, weil du sie offen hast, glaubst du, du siehst. Ich gehe! Warte du Albas Ankunft ab, und Gott sei bei dir! Vielleicht rettet dich mein Weigern. Vielleicht, daß der Drache nichts zu fangen glaubt, wenn er uns nicht beide auf Einmal verschlingt. Vielleicht zögert er, um seinen Anschlag sicherer auszuführen; und vielleicht bis dahin siehest du die Sache in ihrer wahren Gestalt. Aber dann schnell! schnell! Rette! rette dich! – Leb wohl! – Laß deiner Aufmerksamkeit nichts entgehen: wieviel Mannschaft er mitbringt, wie er die Stadt besetzt, was für Macht die Regentin

behält, wie deine Freunde gefaßt sind. Gib mir Nachricht – – –
Egmont –

EGMONT. Was willst du?

ORANIEN *ihn bei der Hand fassend.* Laß dich überreden! Geh
mit!

EGMONT. Wie? Tränen, Oranien?

ORANIEN. Einen Verlornen zu beweinen, ist auch männlich.

EGMONT. Du wähnst mich verloren?

ORANIEN. Du bist's. Bedenke! Dir bleibt nur eine kurze Frist.
Leb wohl! *Ab.*

EGMONT *allein.* Daß andrer Menschen Gedanken solchen Einfluß
auf uns haben! Mir wär es nie eingekommen; und dieser Mann
trägt seine Sorglichkeit in mich herüber. – Weg! – das ist ein
fremder Tropfen in meinem Blute. Gute Natur, wirf ihn wieder
heraus! Und von meiner Stirne die sinnenden Runzeln wegzuba-
den, gibt es ja wohl noch ein freundlich Mittel.

Dritter Aufzug

Palast der Regentin.
Margarete von Parma.

REGENTIN. Ich hätte mir's vermuten sollen. Ha! Wenn man in Mühe und Arbeit vor sich hinlebt, denkt man immer, man tue das möglichste; und der von weitem zusieht und befiehlt, glaubt, er verlange nur das mögliche. – O die Könige! – Ich hätte nicht geglaubt, daß es mich so verdrießen könnte. Es ist so schön zu herrschen! – Und abzudanken? – Ich weiß nicht, wie mein Vater es konnte; aber ich will es auch.

Machiavell erscheint im Grunde.

REGENTIN. Tretet näher, Machiavell! Ich denke hier über den Brief meines Bruders.

MACHIAVELL. Ich darf wissen, was er enthält?

REGENTIN. So viel zärtliche Aufmerksamkeit für mich, als Sorgfalt für seine Staaten. Er rühmt die Standhaftigkeit, den Fleiß und die Treue, womit ich bisher für die Rechte seiner Majestät in diesen Landen gewacht habe. Er bedauert mich, daß mir das unbändige Volk so viel zu schaffen mache. Er ist von der Tiefe meiner Einsichten so vollkommen überzeugt, mit der Klugheit meines Betragens so außerordentlich zufrieden, daß ich fast sagen muß: Der Brief ist für einen König zu schön geschrieben, für einen Bruder gewiß.

MACHIAVELL. Es ist nicht das erste Mal, daß er Euch seine gerechte Zufriedenheit bezeigt.

REGENTIN. Aber das erste Mal, daß es rednerische Figur ist.

MACHIAVELL. Ich versteh Euch nicht.

REGENTIN. Ihr werdet. – Denn er meint, nach diesem Eingange: ohne Mannschaft, ohne eine kleine Armee werde ich immer hier eine üble Figur spielen! Wir hätten, sagt er, unrecht getan, auf die Klagen der Einwohner unsre Soldaten aus den Provinzen zu ziehen. Eine Besatzung, meint er, die dem Bürger auf dem Nacken lastet, verbiete ihm durch ihre Schwere, große Sprünge zu machen.

MACHIAVELL. Es würde die Gemüter äußerst aufbringen.

REGENTIN. Der König meint aber, hörst du? – Er meint, daß ein tüchtiger General, so einer, der gar keine Räson annimmt, gar bald mit Volk und Adel, Bürgern und Bauern fertig werden könne; – und schickt deswegen mit einem starken Heere – den Herzog von Alba.

MACHIAVELL. Alba?

REGENTIN. Du wunderst dich?

MACHIAVELL. Ihr sagt: er schickt. Er fragt wohl, ob er schicken soll?

REGENTIN. Der König fragt nicht; er schickt.

MACHIAVELL. So werdet Ihr einen erfahrnen Krieger in Euren Diensten haben.

REGENTIN. In meinen Diensten? Rede grad heraus, Machiavell!

MACHIAVELL. Ich möcht Euch nicht vorgreifen.

REGENTIN. Und ich möchte mich verstellen! Es ist mir empfindlich, sehr empfindlich. Ich wollte lieber, mein Bruder sagte, wie er's denkt, als daß er förmliche Episteln unterschreibt, die ein Staatssekretär aufsetzt.

MACHIAVELL. Sollte man nicht einsehen –?

REGENTIN. Und ich kenne sie inwendig und auswendig. Sie möchten's gern gesäubert und gekehrt haben: und weil sie selbst nicht zugreifen, so findet ein jeder Vertrauen, der mit dem Besen in der Hand kommt. O mir ist's, als wenn ich den König und sein Conseil auf dieser Tapete gewirkt sähe.

MACHIAVELL. So lebhaft?

REGENTIN. Es fehlt kein Zug. Es sind gute Menschen drunter. Der ehrliche Rodrich, der so erfahren und mäßig ist, nicht zu hoch will und doch nichts fallen läßt, der gerade Alonzo, der fleißige Freneda, der feste Las Vargas und noch einige, die mitgehen, wenn die gute Partei mächtig wird. Da sitzt aber der hohläugige Toledaner mit der ehrnen Stirne und dem tiefen Feuerblick, murmelt zwischen den Zähnen von Weibergüte, unzeitigem Nachgeben, und daß Frauen wohl von zugerittenen Pferden sich tragen lassen, selbst aber schlechte Stallmeister sind, und solche Späße, die ich ehemals von den politischen Herren habe mit durchhören müssen.

MACHIAVELL. Ihr habt zu dem Gemälde einen guten Farbentopf gewählt.

REGENTIN. Gesteht nur, Machiavell: In meiner ganzen Schattierung, aus der ich allenfalls malen könnte, ist kein Ton so gelbbraun, gallenschwarz wie Albas Gesichtsfarbe und als die Farbe, aus der er malt. Jeder ist bei ihm gleich ein Gotteslästerer, ein Majestätenschänder: denn aus diesem Kapitel kann man sie alle sogleich rädern, pfählen, vierteilen und verbrennen. – Das Gute, was ich hier getan habe, sieht gewiß in der Ferne wie nichts aus, eben weil's gut ist. – Da hängt er sich an jeden Mutwillen, der vorbei ist, erinnert an jede Unruhe, die gestillt ist; und es wird dem Könige vor den Augen so voll Meuterei, Aufruhr und Tollkühnheit, daß er sich vorstellt, sie fräßen sich hier einander auf, wenn eine flüchtig vorübergehende Ungezogenheit eines rohen Volks bei uns lange vergessen ist. Da faßt er einen recht herzlichen Haß auf die armen Leute; sie kommen ihm abscheulich, ja wie Tiere und Ungeheuer vor; er sieht sich nach Feuer und Schwert um und wähnt, so bändige man Menschen.

MACHIAVELL. Ihr scheint mir zu heftig, Ihr nehmt die Sache zu hoch. Bleibt Ihr nicht Regentin?

REGENTIN. Das kenn ich. Er wird eine Instruktion bringen. – Ich bin in Staatsgeschäften alt genug geworden, um zu wissen, wie man einen verdrängt, ohne ihm seine Bestallung zu nehmen. – Erst wird er eine Instruktion bringen, die wird unbestimmt und schief sein; er wird um sich greifen, denn er hat die Gewalt; und wenn ich mich beklage, wird er eine geheime Instruktion vorschützen; wenn ich sie sehen will, wird er mich herumziehen; wenn ich drauf bestehe, wird er mir ein Papier zeigen, das ganz was anders enthält; und, wenn ich mich da nicht beruhige, gar nicht mehr tun, als wenn ich redete. – Indes wird er, was ich fürchte, getan und, was ich wünsche, weit abwärts gelenkt haben.

MACHIAVELL. Ich wollt, ich könnt Euch widersprechen.

REGENTIN. Was ich mit unsäglicher Geduld beruhigte, wird er durch Härte und Grausamkeiten wieder aufhetzen; ich werde vor meinen Augen mein Werk verloren sehen und überdies noch seine Schuld zu tragen haben.

MACHIAVELL. Erwarten's Eure Hoheit!

REGENTIN. So viel Gewalt hab ich über mich, um stille zu sein. Laß ihn kommen; ich werde ihm mit der besten Art Platz machen, eh er mich verdrängt.

MACHIAVELL. So rasch diesen wichtigen Schritt?

REGENTIN. Schwerer, als du denkst. Wer zu herrschen gewohnt ist, wer's hergebracht hat, daß jeden Tag das Schicksal von Tausenden in seiner Hand liegt, steigt vom Throne wie ins Grab. Aber besser so, als einem Gespenste gleich unter den Lebenden bleiben und mit hohlem Ansehn einen Platz behaupten wollen, den ihm ein anderer abgeerbt hat und nun besitzt und genießt.

Klärchens Wohnung.
Klärchen. Mutter.

MUTTER. So eine Liebe wie Brackenburgs hab ich nie gesehen; ich glaubte, sie sei nur in Heldengeschichten.

KLÄRCHEN *geht in der Stube auf und ab, ein Lied zwischen den Lippen summend.*

Glücklich allein

Ist die Seele, die liebt.

MUTTER. Er vermutet deinen Umgang mit Egmont; und so ich glaube, wenn du ihm ein wenig freundlich tätest, wenn du wolltest, er heiratete dich noch.

KLÄRCHEN *singt.*

Freudvoll

Und leidvoll,

Gedankenvoll sein,

Langen

Und bangen

In schwebender Pein,

Himmelhoch jauchzend,

Zum Tode betrübt;

Glücklich allein

Ist die Seele, die liebt.

MUTTER. Laß das Heiopopeio!

KLÄRCHEN. Scheltet mir's nicht; es ist ein kräftig Lied. Hab ich doch schon manchmal ein großes Kind damit schlafen gewiegt.

MUTTER. Du hast doch nichts im Kopfe als deine Liebe. Vergäßest du nur nicht alles über das eine! Den Brackenburg solltest du in Ehren halten, sag ich dir! Er kann dich noch einmal glücklich machen.

KLÄRCHEN. Er?

MUTTER. O ja! es kommt eine Zeit! – Ihr Kinder seht nichts voraus und überhorcht unsre Erfahrungen. Die Jugend und die schöne Liebe, alles hat sein Ende; und es kommt eine Zeit, wo man Gott dankt, wenn man irgendwo unterkriechen kann.

KLÄRCHEN *schaudert, schweigt und fährt auf.* Mutter, laßt die Zeit kommen wie den Tod. Dran vorzudenken ist schreckhaft! – Und wenn er kommt! Wenn wir müssen – dann wollen wir uns gebärden, wie wir können! – Egmont, ich dich entbehren! – *In Tränen.* Nein, es ist nicht möglich, nicht möglich.

Egmont in einem Reitermantel, den Hut ins Gesicht gedrückt.

EGMONT. Klärchen!

KLÄRCHEN *tut einen Schrei, fährt zurück.* Egmont! *Sie eilt auf ihn zu.* Egmont! *Sie umarmt ihn und ruht an ihm.* O du Guter, Lieber, Süßer! Kommst du? bist du da!

EGMONT. Guten Abend, Mutter.

MUTTER. Gott grüß Euch, edler Herr! Meine Kleine ist fast vergangen, daß Ihr so lang ausbleibt; sie hat wieder den ganzen Tag von Euch geredet und gesungen.

EGMONT. Ihr gebt mir doch ein Nachtessen?

MUTTER. Zu viel Gnade. Wenn wir nur etwas hätten!

KLÄRCHEN. Freilich! Seid nur ruhig, Mutter; ich habe schon alles darauf eingerichtet, ich habe etwas zubereitet. Verratet mich nicht, Mutter!

MUTTER. Schmal genug.

KLÄRCHEN. Wartet nur! Und dann denk ich: wenn er bei mir ist, hab ich gar keinen Hunger, da sollte er auch keinen großen Appetit haben, wenn ich bei ihm bin.

EGMONT. Meinst du?

KLÄRCHEN *stampft mit dem Fuße und kehrt sich unwillig um.*

EGMONT. Wie ist dir?

KLÄRCHEN. Wie seid Ihr heute so kalt! Ihr habt mir noch keinen Kuß angeboten. Warum habt Ihr die Arme in den Mantel gewickelt wie ein Wochenkind? Ziemt keinem Soldaten noch Liebhaber, die Arme eingewickelt zu haben.

EGMONT. Zuzeiten, Liebchen, zuzeiten. Wenn der Soldat auf der Lauer steht und dem Feinde etwas ablisten möchte, da nimmt er sich zusammen, faßt sich selbst in seine Arme und kaut seinen Anschlag reif. Und ein Liebhaber –

MUTTER. Wollt Ihr Euch nicht setzen? es Euch nicht bequem machen? Ich muß in die Küche; Klärchen denkt an nichts, wenn Ihr da seid. Ihr müßt fürlieb nehmen.

EGMONT. Euer guter Wille ist die beste Würze. *Mutter ab.*

KLÄRCHEN. Und was wäre denn meine Liebe?

EGMONT. So viel du willst.

KLÄRCHEN. Vergleicht sie, wenn Ihr das Herz habt!

EGMONT. Zuvörderst also. *Er wirft den Mantel ab und steht in einem prächtigen Kleide da.*

KLÄRCHEN. O je!

EGMONT. Nun hab ich die Arme frei. *Er herzt sie.*

KLÄRCHEN. Laßt! Ihr verderbt Euch. *Sie tritt zurück.* Wie prächtig! da darf ich Euch nicht anrühren.

EGMONT. Bist du zufrieden? Ich versprach dir, einmal spanisch zu kommen.

KLÄRCHEN. Ich bat Euch zeither nicht mehr drum; ich dachte, Ihr wolltet nicht. – Ach, und das Goldne Vlies!

EGMONT. Da siehst du's nun.

KLÄRCHEN. Das hat dir der Kaiser umgehängt?

EGMONT. Ja, Kind! und Kette und Zeichen geben dem, der sie trägt, die edelsten Freiheiten. Ich erkenne auf Erden keinen Richter über meine Handlungen als den Großmeister des Ordens, mit dem versammelten Kapitel der Ritter.

KLÄRCHEN. O, du dürftest die ganze Welt über dich richten lassen! – Der Sammet ist gar zu herrlich, und die Passement-Arbeit! und das Gestickte! – Man weiß nicht, wo man anfangen soll.

EGMONT. Sieh dich nur satt!

KLÄRCHEN. Und das Goldne Vlies! Ihr erzähltet mir die Geschichte und sagtet, es sei ein Zeichen alles Großen und Kostbaren, was man mit Müh und Fleiß verdient und erwirbt. Es ist sehr kostbar – ich kann's deiner Liebe vergleichen. – Ich trage sie ebenso am Herzen – und hernach –

EGMONT. Was willst du sagen?

KLÄRCHEN. Hernach vergleicht sich's auch wieder nicht.

EGMONT. Wieso?

KLÄRCHEN. Ich habe sie nicht mit Müh und Fleiß erworben, nicht verdient.

EGMONT. In der Liebe ist es anders. Du verdienst sie, weil du dich nicht darum bewirbst – und die Leute erhalten sie auch meist allein, die nicht darnach jagen.

KLÄRCHEN. Hast du das von dir abgenommen? Hast du diese stolze Anmerkung über dich selbst gemacht? du, den alles Volk liebt?

EGMONT. Hätt ich nur etwas für sie getan! könnt ich etwas für sie tun! Es ist ihr guter Wille, mich zu lieben.

KLÄRCHEN. Du warst gewiß heute bei der Regentin?

EGMONT. Ich war bei ihr.

KLÄRCHEN. Bist du gut mit ihr?

EGMONT. Es sieht einmal so aus. Wir sind einander freundlich und dienstlich.

KLÄRCHEN. Und im Herzen?

EGMONT. Will ich ihr wohl. Jedes hat seine eignen Absichten. Das tut nichts zur Sache. Sie ist eine treffliche Frau, kennt ihre Leute, und sähe tief genug, wenn sie auch nicht argwöhnisch wäre. Ich mache ihr viel zu schaffen, weil sie hinter meinem Betragen immer Geheimnisse sucht, und ich keine habe.

KLÄRCHEN. So gar keine?

EGMONT. Eh nun! einen kleinen Hinterhalt. Jeder Wein setzt Weinstein in den Fässern an mit der Zeit. Oranien ist doch noch eine bessere Unterhaltung für sie und eine immer neue Aufgabe. Er hat sich in den Kredit gesetzt, daß er immer etwas Geheimes vorhabe: und nun sieht sie immer nach seiner Stirne, was er wohl denken, auf seine Schritte, wohin er sie wohl richten möchte.

KLÄRCHEN. Verstellt sie sich?

EGMONT. Regentin, und du fragst?

KLÄRCHEN. Verzeiht, ich wollte fragen: Ist sie falsch?

EGMONT. Nicht mehr und nicht weniger als jeder, der seine Absichten erreichen will.

KLÄRCHEN. Ich könnte mich in die Welt nicht finden. Sie hat aber auch einen männlichen Geist, sie ist ein ander Weib als wir Nähterinnen und Köchinnen. Sie ist groß, herzhaft, entschlossen.

EGMONT. Ja, wenn's nicht gar zu bunt geht. Diesmal ist sie doch ein wenig aus der Fassung.

KLÄRCHEN. Wieso?

EGMONT. Sie hat auch ein Bärtchen auf der Oberlippe, und manchmal einen Anfall von Podagra. Eine rechte Amazone!

KLÄRCHEN. Eine majestätische Frau! Ich scheute mich, vor sie zu treten.

EGMONT. Du bist doch sonst nicht zaghaft – Es wäre auch nicht Furcht, nur jungfräuliche Scham.

KLÄRCHEN *schlägt die Augen nieder, nimmt seine Hand und lehnt sich an ihn.*

EGMONT. Ich verstehe dich! liebes Mädchen! du darfst die Augen aufschlagen. *Er küßt ihre Augen.*

KLÄRCHEN. Laß mich schweigen! Laß mich dich halten. Laß mich dir in die Augen sehen; alles drin finden, Trost und Hoffnung und Freude und Kummer. *Sie umarmt ihn und sieht ihn an.* Sag mir! Sage! ich begreife nicht! bist du Egmont? der Graf Egmont? der große Egmont, der so viel Aufsehn macht, von dem in den Zeitungen steht, an dem die Provinzen hängen?

EGMONT. Nein, Klärchen, das bin ich nicht.

KLÄRCHEN. Wie?

EGMONT. Siehst du, Klärchen! – Laß mich sitzen! – *Er setzt sich, sie kniet, sich vor ihn auf einen Schemel, legt ihre Arme auf seinen Schoß und sieht ihn an.* Jener Egmont ist ein verdrießlicher, steifer, kalter Egmont, der an sich halten, bald dieses, bald jenes Gesicht machen muß; geplagt, verkannt, verwickelt ist, wenn ihn die Leute für froh und fröhlich halten; geliebt von einem Volke, das nicht weiß, was es will; geehrt und in die Höhe getragen von einer Menge, mit der nichts anzufangen ist; umgeben von Freunden, denen er sich nicht überlassen darf; beobachtet von Menschen, die ihm auf alle Weise beikommen möchten; arbeitend und sich bemühend, oft ohne Zweck, meist ohne Lohn – O laß mich schweigen, wie es dem ergeht, wie es dem zumute ist! Aber dieser, Klärchen, der ist ruhig, offen, glücklich, geliebt und gekannt von dem besten Herzen, das auch er ganz kennt und mit voller Liebe und Zutrauen an das seine drückt. *Er umarmt sie.* Das ist dein Egmont.

KLÄRCHEN. So laß mich sterben! Die Welt hat keine Freuden auf diese!

Vierter Aufzug

Straße.
Jetter. Zimmermeister.

JETTER. He! Pst! He, Nachbar, ein Wort!

ZIMMERMEISTER. Geh deines Pfads, und sei ruhig!

JETTER. Nur ein Wort. Nichts Neues?

ZIMMERMEISTER. Nichts, als daß uns vom Neuen zu reden verboten ist.

JETTER. Wie?

ZIMMERMEISTER. Tretet hier ans Haus an! Hütet Euch! Der Herzog von Alba hat gleich bei seiner Ankunft einen Befehl ausgehen lassen, dadurch zwei oder drei, die auf der Straße zusammen sprechen, des Hochverrats ohne Untersuchung schuldig erklärt sind.

JETTER. O weh!

ZIMMERMEISTER. Bei ewiger Gefangenschaft ist verboten, von Staatssachen zu reden.

JETTER. O unsre Freiheit!

ZIMMERMEISTER. Und bei Todesstrafe soll niemand die Handlungen der Regierung mißbilligen.

JETTER. O unsre Köpfe!

ZIMMERMEISTER. Und mit großem Versprechen werden Väter, Mütter, Kinder, Verwandte, Freunde, Dienstboten eingeladen, was in dem Innersten des Hauses vorgeht, bei dem besonders niedergesetzten Gerichte zu offenbaren.

JETTER. Gehn wir nach Hause!

ZIMMERMEISTER. Und den Folgsamen ist versprochen, daß sie weder an Leibe noch Vermögen einige Kränkung erdulden sollen.

JETTER. Wie gnädig! War mir's doch gleich weh, wie der Herzog in die Stadt kam. Seit der Zeit ist mir's, als wäre der Himmel mit einem schwarzen Flor überzogen und hinge so tief herunter, daß man sich bücken müsse, um nicht dran zu stoßen.

ZIMMERMEISTER. Und wie haben dir seine Soldaten gefallen? Gelt! das ist eine andre Art von Krebsen, als wir sie sonst gewohnt waren.

JETTER. Pfui! Es schnürt einem das Herz ein, wenn man so einen Haufen die Gassen hinabmarschieren sieht. Kerzengerad mit unverwandtem Blick, Ein Tritt, so viel ihrer sind. Und wenn sie auf der Schildwache stehen und du gehst an einem vorbei, ist's, als wenn er dich durch und durch sehen wollte, und sieht so steif und mürrisch aus, daß du auf allen Ecken einen Zuchtmeister zu sehen glaubst. Sie tun mir gar nicht wohl. Unsre Miliz war doch noch ein lustig Volk; sie nahmen sich was heraus, standen mit ausgegrätschten Beinen da, hatten den Hut überm Ohr, lebten und ließen leben; diese Kerle aber sind wie Maschinen, in denen ein Teufel sitzt.

ZIMMERMEISTER. Wenn so einer ruft: ›Halt!‹ und anschlägt, meinst du, man hielte?

JETTER. Ich wäre gleich des Todes.

ZIMMERMEISTER. Gehn wir nach Hause!

JETTER. Es wird nicht gut. Adieu.

Soest tritt dazu.

SOEST. Freunde! Genossen!

ZIMMERMEISTER. Still! Laßt uns gehen!

SOEST. Wißt ihr?

JETTER. Nur zu viel!

SOEST. Die Regentin ist weg.

JETTER. Nun gnad uns Gott!

60

ZIMMERMEISTER. Die hielt uns noch.

SOEST. Auf einmal und in der Stille. Sie konnte sich mit dem Herzog nicht vertragen; sie ließ dem Adel melden, sie komme wieder. Niemand glaubt's.

ZIMMERMEISTER. Gott verzeih's dem Adel, daß er uns diese neue Geißel über den Hals gelassen hat. Sie hätten es abwenden können. Unsre Privilegien sind hin.

JETTER. Um Gottes willen nichts von Privilegien! Ich wittre den Geruch von einem Exekutionsmorgen; die Sonne will nicht hervor, die Nebel stinken.

SOEST. Oranien ist auch weg.

ZIMMERMEISTER. So sind wir denn ganz verlassen!

SOEST. Graf Egmont ist noch da.

JETTER. Gott sei Dank! Stärken ihn alle Heiligen, daß er sein Bestes tut; der ist allein was vermögend.

Vansen tritt auf.

VANSEN. Find ich endlich ein paar, die noch nicht untergekrochen sind?

JETTER. Tut uns den Gefallen und geht fürbaß!

VANSEN. Ihr seid nicht höflich.

ZIMMERMEISTER. Es ist gar keine Zeit zu Komplimenten. Juckt Euch der Buckel wieder? Seid Ihr schon durchgeheilt?

VANSEN. Fragt einen Soldaten nach seinen Wunden! Wenn ich auf Schläge was gegeben hätte, wäre sein' Tage nichts aus mir geworden.

JETTER. Es kann ernstlicher werden.

VANSEN. Ihr spürt von dem Gewitter, das aufsteigt, eine erbärmliche Mattigkeit in den Gliedern, scheint's.

ZIMMERMEISTER. Deine Glieder werden sich bald wo anders eine Motion machen, wenn du nicht ruhst.

VANSEN. Armselige Mäuse, die gleich verzweifeln, wenn der Hausherr eine neue Katze anschafft. Nur ein bißchen anders; aber wir treiben unser Wesen vor wie nach, seid nur ruhig!

ZIMMERMEISTER. Du bist ein verwegener Taugenichts.

VANSEN. Gevatter Tropf! Laß du den Herzog nur gewähren! Der alte Kater sieht aus, als wenn er Teufel statt Mäuse gefressen hätte und könnte sie nun nicht verdauen. Laßt ihn nur erst; er muß auch essen, trinken, schlafen wie andere Menschen. Es ist mir nicht bange, wenn wir unsere Zeit recht nehmen. Im Anfange geht's rasch; nachher wird er auch finden, daß in der Speisekammer unter den Speckseiten besser leben ist und des Nachts zu ruhen, als auf dem Fruchtboden einzelne Mäuschen zu erlisten. Geht nur, ich kenne die Statthalter.

ZIMMERMEISTER. Was so einem Menschen alles durchgeht! Wenn ich in meinem Leben so etwas gesagt hätte, hielt ich mich keine Minute für sicher.

VANSEN. Seid nur ruhig! Gott im Himmel erfährt nichts von euch Würmern, geschweige der Regent.

JETTER. Lästermaul!

VANSEN. Ich weiß andere, denen es besser wäre, sie hätten statt ihres Heldenmuts eine Schneiderader im Leibe.

ZIMMERMEISTER. Was wollt Ihr damit sagen?

VANSEN. Hm! den Grafen mein ich.

JETTER. Egmont! Was soll der fürchten?

VANSEN. Ich bin ein armer Teufel, und könnte ein ganzes Jahr leben von dem, was er in Einem Abende verliert. Und doch könnt er mir sein Einkommen eines ganzen Jahres geben, wenn er meinen Kopf auf eine Viertelstunde hätte.

JETTER. Du denkst dich was Rechts. Egmonts Haare sind gescheiter als dein Hirn.

VANSEN. Red't Ihr! Aber nicht feiner. Die Herren betrügen sich am ersten. Er sollte nicht trauen.

JETTER. Was er schwätzt! So ein Herr!

VANSEN. Eben weil er kein Schneider ist.

JETTER. Ungewaschen Maul!

VANSEN. Dem wollt ich Eure Courage nur eine Stunde in die Glieder wünschen, daß sie ihm da Unruh machte und ihn so lange neckte und juckte, bis er aus der Stadt müßte.

JETTER. Ihr redet recht unverständig; er ist so sicher wie der Stern am Himmel.

VANSEN. Hast du nie einen sich schneuzen gesehn? Weg war er!

ZIMMERMEISTER. Wer will ihm denn was tun?

VANSEN. Wer will? Willst du's etwa hindern? Willst du einen Aufruhr erregen, wenn sie ihn gefangennehmen?

JETTER. Ah!

VANSEN. Wollt ihr eure Rippen für ihn wagen?

SOEST. Eh!

VANSEN *sie nachäffend.* Ih! Oh! Uh! Verwundert euch durchs ganze Alphabet! So ist's und bleibt's! Gott bewahre ihn!

JETTER. Ich erschrecke über Eure Unverschämtheit. So ein edler, rechtschaffener Mann sollte was zu befürchten haben?

VANSEN. Der Schelm sitzt überall im Vorteil. Auf dem Armensünderstühlchen hat er den Richter zum Narren; auf dem Richterstuhl macht er den Inquisiten mit Lust zum Verbrecher. Ich habe so ein Protokoll abzuschreiben gehabt, wo der Kommissarius schwer Lob und Geld von Hofe erhielt, weil er einen ehrlichen Teufel, an den man wollte, zum Schelmen verhört hatte.

ZIMMERMEISTER. Das ist wieder frisch gelogen. Was wollen sie denn herausverhören, wenn einer unschuldig ist?

VANSEN. O Spatzenkopf! Wo nichts herauszuverhören ist, da verhört man hinein. Ehrlichkeit macht unbesonnen auch wohl trotzig. Da fragt man erst sachte weg, und der Gefangne ist stolz auf seine Unschuld, wie sie's heißen, und sagt alles geradezu, was ein Verständiger verbärge. Dann macht der Inquisitor aus den Antworten wieder Fragen und paßt ja auf, wo irgend ein Widersprüchelchen erscheinen will; da knüpft er seinen Strick an, und läßt sich der dumme Teufel betreten, daß er hier etwas zu viel dort etwas zu wenig gesagt oder wohl gar aus Gott weiß was für einer Grille einen Umstand verschwiegen hat, auch wohl irgend an einem Ende sich hat schrecken lassen: dann sind wir auf dem rechten Weg! Und ich versichre euch, mit mehr Sorgfalt suchen die Bettelweiber nicht die Lumpen aus dem Kehricht, als so ein Schelmenfabrikant aus kleinen, schiefen, verschobenen, verrückten, verdrückten, geschlossenen, bekannten, geleugneten Anzeichen und Umständen sich endlich einen strohlumpenen Vogelscheu zusammenkünstelt, um wenigstens seinen Inquisiten in effigie hängen zu können. Und Gott mag der arme Teufel danken, wenn er sich noch kann hängen sehen.

JETTER. Der hat eine geläufige Zunge.

ZIMMERMEISTER. Mit Fliegen mag das angehen. Die Wespen lachen Eures Gespinstes.

VANSEN. Nachdem die Spinnen sind. Seht, der lange Herzog hat euch so ein rein Ansehn von einer Kreuzspinne; nicht einer dickbäuchigen, die sind weniger schlimm, aber so einer langfüßigen, schmalleibigen, die vom Fraße nicht feist wird und recht dünne Fäden zieht, aber desto zähere.

JETTER. Egmont ist Ritter des Goldnen Vlieses; wer darf Hand an ihn legen? Nur von seinesgleichen kann er gerichtet werden, nur vom gesamten Orden. Dein loses Maul, dein böses Gewissen verführen dich zu solchem Geschwätz.

VANSEN. Will ich ihm darum übel? Mir kann's recht sein. Es ist ein trefflicher Herr. Ein paar meiner guten Freunde, die anderwärts schon wären gehangen worden, hat er mit einem Buckel voll Schläge verabschiedet. Nun geht! Geht! Ich rat es euch selbst. Dort seh ich wieder eine Runde antreten; die sehen nicht aus, als wenn sie so bald Brüderschaft mit uns trinken würden. Wir wollen's abwarten und nur sachte zusehen. Ich hab ein paar Nichten und einen Gevatter Schenkwirt; wenn sie von denen gekostet haben, und werden dann nicht zahm, so sind sie ausgepichte Wölfe.

Der Culenburgische Palast. Wohnung des Herzogs von Alba. Silva und Gomez begegnen einander.

SILVA. Hast du die Befehle des Herzogs ausgerichtet?

GOMEZ. Pünktlich. Alle täglichen Runden sind beordert, zur bestimmten Zeit an verschiedenen Plätzen einzutreffen, die ich ihnen bezeichnet habe; sie gehen indes, wie gewöhnlich, durch die Stadt, um Ordnung zu erhalten. Keiner weiß von dem andern; jeder glaubt, der Befehl gehe ihn allein an, und in einem Augenblick kann alsdann der Cordon gezogen und alle Zugänge zum Palast können besetzt sein. Weißt du die Ursache dieses Befehls?

SILVA. Ich bin gewohnt, blindlings zu gehorchen. Und wem gehorcht sich's leichter als dem Herzoge, da bald der Ausgang beweist, daß er recht befohlen hat?

GOMEZ. Gut! Gut! Auch scheint es mir kein Wunder, daß du so verschlossen und einsilbig wirst wie er, da du immer um ihn sein mußt. Mir kommt es fremd vor, da ich den leichteren italienischen Dienst gewohnt bin. An Treue und Gehorsam bin ich der alte; aber ich habe mir das Schwätzen und Räsonieren angewöhnt. Ihr schweigt alle und laßt es euch nie wohl sein. Der Herzog gleicht mir einem ehrnen Turm ohne Pforte, wozu die Besatzung Flügel hätte. Neulich hört ich ihn bei Tafel von einem frohen, freundlichen Menschen sagen: er sei wie eine schlechte Schenke mit einem ausgesteckten Branntweinzeichen, um Müßiggänger, Bettler und Diebe hereinzulocken.

SILVA. Und hat er uns nicht schweigend hierhergeführt?

GOMEZ. Dagegen ist nichts zu sagen. Gewiß! Wer Zeuge seiner Klugheit war, wie er die Armee aus Italien hierher brachte, der hat etwas gesehen. Wie er sich durch Freund und Feind, durch die Franzosen, Königlichen und Ketzer, durch die Schweizer und Verbundnen gleichsam durchschmiegte, die strengste Mannszucht hielt, und einen Zug, den man so gefährlich achtete, leicht und ohne Anstoß zu leiten wußte! – Wir haben was gesehen, was lernen können.

SILVA. Auch hier! Ist nicht alles still und ruhig, als wenn kein Aufstand gewesen wäre?

GOMEZ. Nun, es war auch schon meist still, als wir herkamen.

SILVA. In den Provinzen ist es viel ruhiger geworden; und wenn sich noch einer bewegt, so ist es, um zu entfliehen. Aber auch diesem wird er die Wege bald versperren, denk ich.

GOMEZ. Nun wird er erst die Gunst des Königs gewinnen.

SILVA. Und uns bleibt nichts angelegener, als uns die seinige zu erhalten. Wenn der König hierher kommt, bleibt gewiß der Herzog und jeder, den er empfiehlt, nicht unbelohnt.

GOMEZ. Glaubst du, daß der König kommt?

SILVA. Es werden so viele Anstalten gemacht, daß es höchst wahrscheinlich ist.

GOMEZ. Mich überreden sie nicht.

SILVA. So rede wenigstens nicht davon! Denn wenn des Königs Absicht ja nicht sein sollte, zu kommen, so ist sie's doch wenigstens gewiß, daß man es glauben soll.

Ferdinand, Albas natürlicher Sohn.

FERDINAND. Ist mein Vater noch nicht heraus?

SILVA. Wir warten auf ihn.

FERDINAND. Die Fürsten werden bald hier sein.

GOMEZ. Kommen sie heute?

FERDINAND. Oranien und Egmont.

GOMEZ *leise zu Silva.* Ich begreife etwas.

SILVA. So behalt es für dich!

Herzog von Alba.
Wie er herein- und hervortritt, treten die andern zurück.

ALBA. Gomez!

GOMEZ *tritt vor.* Herr!

ALBA. Du hast die Wachen verteilt und beordert?

GOMEZ. Aufs genaueste. Die täglichen Runden –

ALBA. Genug. Du wartest in der Galerie. Silva wird dir den Augenblick sagen, wenn du sie zusammenziehen, die Zugänge nach dem Palast besetzen sollst. Das übrige weißt du.

GOMEZ. Ja, Herr! *Ab.*

ALBA. Silva!

SILVA. Hier bin ich.

ALBA. Alles, was ich von jeher an dir geschätzt habe, Mut, Entschlossenheit, unaufhaltsames Ausführen, das zeige heut.

SILVA. Ich danke Euch, daß Ihr mir Gelegenheit gebt zu zeigen, daß ich der alte bin.

ALBA. Sobald die Fürsten bei mir eingetreten sind, dann eile gleich, Egmonts Geheimschreiber gefangenzunehmen. Du hast alle Anstalten gemacht, die übrigen, welche bezeichnet sind, zu fahen?

SILVA. Vertrau auf uns! Ihr Schicksal wird sie, wie eine wohlberechnete Sonnenfinsternis, pünktlich und schrecklich treffen.

ALBA. Hast du sie genau beobachten lassen?

SILVA. Alle; den Egmont vor andern. Er ist der einzige, der, seit du hier bist, sein Betragen nicht geändert hat. Den ganzen Tag von einem Pferd aufs andere, ladet Gäste, ist immer lustig und unterhaltend bei Tafel, würfelt, schießt und schleicht nachts zum Liebchen. Die andern haben dagegen eine merkliche Pause in ihrer Lebensart gemacht; sie bleiben bei sich; vor ihrer Türe sieht's aus, als wenn ein Kranker im Hause wäre.

ALBA. Drum rasch, eh sie uns wider Willen genesen.

SILVA. Ich stelle sie. Auf deinen Befehl überhäufen wir sie mit dienstfertigen Ehren. Ihnen graut's: politisch geben sie uns einen ängstlichen Dank, fühlen, das Rätlichste sei zu entfliehen; keiner wagt einen Schritt, sie zaudern, können sich nicht vereinigen; und einzeln etwas Kühnes zu tun, hält sie der Gemeingeist ab. Sie möchten gern sich jedem Verdacht entziehen, und machen sich immer verdächtiger. Schon seh ich mit Freuden deinen ganzen Anschlag ausgeführt.

ALBA. Ich freue mich nur über das Geschehene; und auch über das nicht leicht: denn es bleibt stets noch übrig, was uns zu denken und zu sorgen gibt. Das Glück ist eigensinnig, oft das Gemeine, das Nichtswürdige zu adeln und wohlüberlegte Taten mit einem gemeinen Ausgang zu entehren. Verweile, bis die Fürsten kommen, dann gib Gomez die Ordre, die Straßen zu besetzen, und eile selbst, Egmonts Schreiber und die übrigen gefangenzunehmen, die dir bezeichnet sind. Ist es getan, so komm hierher und meld es meinem Sohne, daß er mir in den Rat die Nachricht bringe.

SILVA. Ich hoffe, diesen Abend vor dir stehn zu dürfen.

Alba geht nach seinem Sohne, der bisher in der Galerie gestanden.

68

SILVA. Ich traue mir es nicht zu sagen, aber meine Hoffnung schwankt. Ich fürchte, es wird nicht werden, wie er denkt. Ich sehe Geister vor mir, die still und sinnend auf schwarzen Schalen das Geschick der Fürsten und vieler Tausende wägen. Langsam wankt das Zünglein auf und ab; tief scheinen die Richter zu sinnen; zuletzt sinkt diese Schale steigt jene, angehaucht vom Eigensinn des Schicksals, und entschieden ist's. *Ab.*

ALBA *mit Ferdinand hervortretend.* Wie fandst du die Stadt?

FERDINAND. Es hat sich alles gegeben. Ich ritt, als wie zum Zeitvertreib, straßauf, straßab. Eure wohlverteilten Wachen halten die Furcht so angespannt, daß sie sich nicht zu lispeln untersteht. Die Stadt sieht einem Felde ähnlich, wenn das Gewitter von weitem leuchtet: man erblickt keinen Vogel, kein Tier, als das eilend nach einem Schutzorte schlüpft.

ALBA. Ist dir nichts weiter begegnet?

FERDINAND. Egmont kam mit einigen auf den Markt geritten; wir grüßten uns; er hatte ein rohes Pferd, das ich ihm loben mußte. ›Laßt uns eilen, Pferde zuzureiten, wir werden sie bald brauchen!‹ rief er mir entgegen. Er werde mich noch heute wiedersehn, sagte er, und komme auf Euer Verlangen, mit Euch zu ratschlagen.

ALBA. Er wird dich wiedersehn.

FERDINAND. Unter allen Rittern, die ich hier kenne, gefällt er mir am besten. Es scheint, wir werden Freunde sein.

ALBA. Du bist noch immer zu schnell und wenig behutsam; immer erkenn ich in dir den Leichtsinn deiner Mutter, der mir sie unbedingt in die Arme lieferte. Zu mancher gefährlichen Verbindung lud dich der Anschein voreilig ein.

FERDINAND. Euer Wille findet mich bildsam.

ALBA. Ich vergebe deinem jungen Blute dies leichtsinnige Wohlwollen, diese unachtsame Fröhlichkeit. Nur vergiß nicht, zu welchem Werke ich gesandt bin, und welchen Teil ich dir dran geben möchte.

FERDINAND. Erinnert mich, und schont mich nicht, wo Ihr es nötig haltet!

ALBA *nach einer Pause.* Mein Sohn!

FERDINAND. Mein Vater!

ALBA. Die Fürsten kommen bald, Oranien und Egmont kommen. Es ist nicht Mißtrauen, daß ich dir erst jetzt entdecke, was geschehen soll. Sie werden nicht wieder von hinnen gehn.

FERDINAND. Was sinnst du?

ALBA. Es ist beschlossen, sie festzuhalten. – Du erstaunst! Was du zu tun hast, höre; die Ursachen sollst du wissen, wenn es geschehn ist. Jetzt bleibt keine Zeit, sie auszulegen. Mit dir allein wünscht' ich das Größte, das Geheimste zu besprechen; ein starkes Band hält uns zusammengefesselt; du bist mir wert und lieb; auf dich möcht ich alles häufen. Nicht die Gewohnheit zu gehorchen allein möcht ich dir einprägen; auch den Sinn, auszudenken, zu befehlen, auszuführen, wünscht' ich in dir fortzupflanzen; dir ein großes Erbteil, dem Könige den brauchbarsten Diener zu hinterlassen; dich mit dem Besten, was ich habe, auszustatten, daß du dich nicht schämen dürfest, unter deine Brüder zu treten.

FERDINAND. Was werd ich nicht dir für diese Liebe schuldig, die du mir allein zuwendest, indem ein ganzes Reich vor dir zittert!

ALBA. Nun höre, was zu tun ist. Sobald die Fürsten eingetreten sind, wird jeder Zugang zum Palaste besetzt. Dazu hat Gomez die Ordre. Silva wird eilen, Egmonts Schreiber mit den Verdächtigsten gefangenzunehmen. Du hältst die Wache am Tore und in den Höfen in Ordnung. Vor allen Dingen besetze diese Zimmer hier neben mit den sichersten Leuten; dann warte auf der Galerie, bis Silva wiederkommt, und bringe mir irgendein unbedeutend Blatt herein, zum Zeichen, daß sein Auftrag ausgerichtet ist. Dann bleib im Vorsaale, bis Oranien weggeht; folg ihm; ich halte Egmont hier, als ob ich ihm noch was zu sagen hätte. Am Ende der Galerie fordre Oraniens Degen, rufe die Wache an, verwahre schnell den gefährlichsten Mann; und ich fasse Egmont hier.

FERDINAND. Ich gehorche, mein Vater. Zum ersten Mal so mit schwerem Herzen und mit Sorge.

ALBA. Ich verzeihe dir's; es ist der erste große Tag, den du erlebst.

Silva tritt herein.

SILVA. Ein Bote von Antwerpen. Hier ist Oraniens Brief!

Er kommt nicht.

ALBA. Sagt' es der Bote?

SILVA. Nein, mir sagt's das Herz.

ALBA. Aus dir spricht mein böser Genius.

Nachdem er den Brief gelesen, winkt er beiden, und sie ziehen sich in die Galerie zurück. Er bleibt allein auf dem Vorderteile.

Er kommt nicht! Bis auf den letzten Augenblick verschiebt er, sich zu erklären. Er wagt es, nicht zu kommen! So war denn diesmal wider Vermuten der Kluge klug genug, nicht klug zu sein! – Es rückt die Uhr! Noch einen kleinen Weg des Seigers, und ein großes Werk ist getan oder versäumt, unwiederbringlich versäumt: denn es ist weder nachzuholen noch zu verheimlichen. Längst hatt ich alles reiflich abgewogen und mir auch diesen Fall gedacht, mir festgesetzt, was auch in diesem Falle zu tun sei; und jetzt, da es zu tun ist, wehr ich mir kaum, daß nicht das Für und Wider mir aufs neue durch die Seele schwankt. –

Ist's rätlich, die andern zu fangen, wenn er mir entgeht? – Schieb ich es auf und laß Egmont mit den Seinigen, mit so vielen entschlüpfen, die nun, vielleicht nur heute noch, in meinen Händen sind? So zwingt dich das Geschick denn auch, du Unbezwinglicher! Wie lang gedacht! Wie wohl bereitet! Wie groß, wie schön der Plan! Wie nah die Hoffnung ihrem Ziele! und nun im Augenblick des Entscheidens bist du zwischen zwei Übel gestellt; wie in einen Lostopf greifst du in die dunkle Zukunft: was du fassest, ist noch zugerollt, dir unbewußt, sei's Treffer oder Fehler! *Er wird aufmerksam, wie einer, der etwas hört, und tritt ans Fenster.* Er ist es! Egmont! – Trug dich dein Pferd so leicht herein, und scheute vor dem Blutgeruche nicht, und vor dem Geiste mit dem blanken Schwert, der an der Pforte dich empfängt? – Steig ab! – So bist du mit dem einen Fuß im Grab! und so mit beiden! – Ja, streichl es nur, und klopfe für seinen mutigen Dienst zum letzten Male den Nacken ihm – Und mir bleibt keine Wahl. In der Verblendung, wie hier Egmont naht, kann er dir nicht zum zweiten Mal sich liefern! – Hört!

Ferdinand und Silva treten eilig herbei.

ALBA. Ihr tut, was ich befahl, ich ändre meinen Willen nicht. Ich halte, wie es gehn will, Egmont auf, bis du mir von Silva die Nachricht gebracht hast. Dann bleib in der Nähe! Auch dir raubt das Geschick das große Verdienst, des Königs größten Feind mit eigener Hand gefangen zu haben. *Zu Silva.* Eile! *Zu Ferdinand.* Geh ihm entgegen! *Alba bleibt einige Augenblicke allein und geht schweigend auf und ab.*

Egmont tritt auf.

EGMONT. Ich komme, die Befehle des Königs zu vernehmen, zu hören, welchen Dienst er von unserer Treue verlangt, die ihm ewig ergeben bleibt.

ALBA. Er wünscht vor allen Dingen, Euern Rat zu hören.

EGMONT. Über welchen Gegenstand? Kommt Oranien auch? Ich vermutete ihn hier.

ALBA. Mir tut es leid, daß er uns eben in dieser wichtigen Stunde fehlt. Euern Rat, Eure Meinung wünscht der König, wie diese Staaten wieder zu befriedigen. Ja er hofft, Ihr werdet kräftig mitwirken, diese Unruhen zu stillen und die Ordnung der Provinzen völlig und dauerhaft zu gründen.

EGMONT. Ihr könnt besser wissen als ich, daß schon alles genug beruhigt ist, ja noch mehr beruhigt war, eh die Erscheinung der neuen Soldaten wieder mit Furcht und Sorge die Gemüter bewegte.

ALBA. Ihr scheint andeuten zu wollen, das Rätlichste sei gewesen, wenn der König mich gar nicht in den Fall gesetzt hätte, Euch zu fragen.

EGMONT. Verzeiht! Ob der König das Heer hätte schicken sollen, ob nicht vielmehr die Macht seiner majestätischen Gegenwart allein stärker gewirkt hätte, ist meine Sache nicht zu beurteilen. Das Heer ist da, er nicht. Wir aber müßten sehr undankbar, sehr vergessen sein, wenn wir uns nicht erinnerten, was wir der Regentin schuldig sind. Bekennen wir! sie brachte durch ihr so kluges als tapferes Betragen die Aufrührer mit Gewalt und Ansehn, mit Überredung und List zur Ruhe und führte zum Erstaunen der Welt ein rebellisches Volk in wenigen Monaten zu seiner Pflicht zurück.

ALBA. Ich leugne es nicht. Der Tumult ist gestillt, und jeder scheint in die Grenzen des Gehorsams zurückgebannt. Aber hängt es nicht von eines jeden Willkür ab, sie zu verlassen? Wer will das

Volk hindern loszubrechen? Wo ist die Macht, sie abzuhalten? Wer bürgt uns, daß sie sich ferner treu und untertänig zeigen werden? Ihr guter Wille ist alles Pfand, das wir haben.

EGMONT. Und ist der gute Wille eines Volks nicht das sicherste, das edelste Pfand? Bei Gott! Wann darf sich ein König sicherer halten, als wenn sie alle für einen, einer für alle stehn? Sicherer gegen innere und äußere Feinde?

ALBA. Wir werden uns doch nicht überreden sollen, daß es jetzt hier so steht?

EGMONT. Der König schreibe einen Generalpardon aus, er beruhige die Gemüter; und bald wird man sehen, wie Treue und Liebe mit dem Zutrauen wieder zurückkehrt.

ALBA. Und jeder, der die Majestät des Königs, der das Heiligtum der Religion geschändet, ginge frei und ledig hin und widert lebte den andern zum bereiten Beispiel, daß ungeheure Verbrechen straflos sind?

EGMONT. Und ist ein Verbrechen des Unsinns, der Trunkenheit nicht eher zu entschuldigen als grausam zu bestrafen? Besonders, wo so sichre Hoffnung, wo Gewißheit ist, daß die Übel nicht wiederkehren werden? Waren Könige darum nicht sicherer, werden sie nicht von Welt und Nachwelt gepriesen, die eine Beleidigung ihrer Würde vergeben, bedauern, verachten konnten? Werden sie nicht eben deswegen Gott gleich gehalten, der viel zu groß ist, als daß an ihn jede Lästerung reichen sollte?

ALBA. Und eben darum soll der König für die Würde Gottes und der Religion, wir sollen für das Ansehn des Königs streiten. Was der Obere abzulehnen verschmäht, ist unsere Pflicht zu rächen. Ungestraft soll, wenn ich rate, kein Schuldiger sich freuen.

EGMONT. Glaubst du, daß du sie alle erreichen wirst? Hört man nicht täglich, daß die Furcht sie hie- und dahin, sie aus dem Lande treibt? Die Reichsten werden ihre Güter, sich, ihre Kinder und Freunde flüchten; der Arme wird seine nützlichen Hände dem Nachbar zubringen.

ALBA. Sie werden, wenn man sie nicht verhindern kann. Darum verlangt der König Rat und Tat von jedem Fürsten, Ernst von jedem Statthalter; nicht nur Erzählung, wie es ist, was werden könnte, wenn man alles gehen ließe, wie's geht. Einem großen Übel zusehen, sich mit Hoffnung schmeicheln, der Zeit vertrauen, etwa einmal dreinschlagen, wie im Fastnachtsspiel, daß es klatscht und man doch etwas zu tun scheint, wenn man nichts tun möchte: heißt das nicht, sich verdächtig machen, als sehe man dem Aufruhr mit Vergnügen zu, den man nicht erregen, wohl aber hegen möchte!

EGMONT *im Begriff aufzufahren, nimmt sich zusammen, und spricht nach einer kleinen Pause gesetzt.* Nicht jede Absicht ist offenbar, und manches Mannes Absicht ist zu mißdeuten. Muß man doch auch von allen Seiten hören: es sei des Königs Absicht weniger, die Provinzen nach einförmigen und klaren Gesetzen zu regieren, die Majestät der Religion zu sichern und einen allgemeinen Frieden seinem Volke zu geben, als vielmehr, sie unbedingt zu unterjochen, sie ihrer alten Rechte zu berauben, sich Meister von ihren Besitztümern zu machen, die schönen Rechte des Adels einzuschränken, um derentwillen der Edle allein ihm dienen, ihm Leib und Leben widmen mag. Die Religion, sagt man, sei nur ein prächtiger Teppich, hinter dem man jeden gefährlichen Anschlag nur desto leichter ausdenkt. Das Volk liegt auf den Knieen, betet die heiligen gewirkten Zeichen an, und hinten lauscht der Vogelsteller, der sie berücken will.

ALBA. Das muß ich von dir hören?

EGMONT. Nicht meine Gesinnungen! Nur was bald hier, bald da, von Großen und von Kleinen, Klugen und Toren gesprochen, laut verbreitet wird. Die Niederländer fürchten ein doppeltes Joch, und wer bürgt ihnen für ihre Freiheit?

ALBA. Freiheit? Ein schönes Wort, wer's recht verstände! Was wollen sie für Freiheit? Was ist des Freiesten Freiheit? – Recht zu tun! – und daran wird sie der König nicht hindern. Nein! nein! sie glauben sich nicht frei, wenn sie sich nicht selbst und andern schaden können. Wäre es nicht besser, abzudanken, als ein solches Volk zu regieren? Wenn auswärtige Feinde drängen, an die kein Bürger denkt, der mit dem Nächsten nur beschäftigt ist, und der König verlangt Beistand, dann werden sie uneins unter sich und verschwören sich gleichsam mit ihren Feinden. Weit besser ist's, sie einzuengen, daß man sie wie Kinder halten, wie Kinder zu ihrem Besten leiten kann. Glaube nur, ein Volk wird nicht alt, nicht klug; ein Volk bleibt immer kindisch.

EGMONT. Wie selten kommt ein König zu Verstand! Und sollen sich viele nicht lieber vielen vertrauen als einem? und nicht einmal dem Einen, sondern den Wenigen des Einen, dem Volke, das an den Blicken seines Herrn altert. Das hat wohl allein das Recht, klug zu werden.

ALBA. Vielleicht eben darum, weil es sich nicht selbst überlassen ist.

EGMONT. Und darum niemand gern sich selbst überlassen möchte. Man tue, was man will; ich habe auf deine Frage geantwortet und wiederhole: Es geht nicht! Es kann nicht gehen! Ich kenne meine Landsleute. Es sind Männer wert, Gottes Boden zu betreten; ein jeder rund für sich, ein kleiner König, fest, rührig, fähig, treu, an alten Sitten hangend. Schwer ist's, ihr Zutrauen zu verdienen; leicht, zu erhalten. Starr und fest! Zu drücken sind sie; nicht zu unterdrücken.

ALBA *der sich indes einigemal umgesehen hat.* Solltest du das alles in des Königs Gegenwart wiederholen?

EGMONT. Desto schlimmer, wenn mich seine Gegenwart abschreckte! Desto besser für ihn, für sein Volk, wenn er mir Mut machte, wenn er mir Zutrauen einflößte, noch weit mehr zu sagen.

ALBA. Was nützlich ist, kann ich hören wie er.

EGMONT. Ich würde ihm sagen: Leicht kann der Hirt eine ganze Herde Schafe vor sich hintreiben, der Stier zieht seinen Pflug ohne Widerstand; aber dem edeln Pferde, das du reiten willst, mußt du seine Gedanken ablernen, du mußt nichts Unkluges, nichts unklug von ihm verlangen. Darum wünscht der Bürger seine alte Verfassung zu behalten, von seinen Landsleuten regiert zu sein, weil er weiß, wie er geführt wird, weil er von ihnen Uneigennutz, Teilnehmung an seinem Schicksal hoffen kann.

ALBA. Und sollte der Regent nicht Macht haben, dieses alte Herkommen zu verändern? und sollte nicht eben dies sein schönstes Vorrecht sein? Was ist bleibend auf dieser Welt? und sollte eine Staatseinrichtung bleiben können? Muß nicht in einer Zeitfolge jedes Verhältnis sich verändern, und eben darum eine alte Verfassung die Ursache von tausend Übeln werden, weil sie den gegenwärtigen Zustand des Volkes nicht umfaßt? Ich fürchte, diese alten Rechte sind darum so angenehm, weil sie Schlupfwinkel bilden, in welchen der Kluge, der Mächtige, zum Schaden des Volks, zum Schaden des Ganzen, sich verbergen oder durchschleichen kann.

EGMONT. Und diese willkürlichen Veränderungen, diese unbeschränkten Eingriffe der höchsten Gewalt, sind sie nicht Vorboten, daß Einer tun will, was Tausende nicht tun sollen? Er will sich allein frei machen, um jeden seiner Wünsche befriedigen, jeden seiner Gedanken ausführen zu können. Und wenn wir uns ihm, einem guten, weisen Könige, ganz vertrauten, sagt er uns für seine Nachkommen gut? daß keiner ohne Rücksicht, ohne Schonung regieren werde? Wer rettet uns alsdann von völliger Willkür, wenn er uns seine Diener, seine Nächsten sendet, die ohne Kenntnis des Landes und seiner Bedürfnisse nach Belieben schalten und walten, keinen Widerstand finden und sich von jeder Verantwortung frei wissen?

ALBA *der sich indes wieder umgesehen hat.* Es ist nichts natürlicher, als daß ein König durch sich zu herrschen gedenkt, und denen seine Befehle am liebsten aufträgt, die ihn am besten verstehen, verstehen wollen, die seinen Willen unbedingt ausrichten.

EGMONT. Und ebenso natürlich ist's, daß der Bürger von dem regiert sein will, der mit ihm geboren und erzogen ist, der gleichen Begriff mit ihm von Recht und Unrecht gefaßt hat, den er als seinen Bruder ansehen kann.

ALBA. Und doch hat der Adel mit diesen seinen Brüdern sehr ungleich geteilt.

EGMONT. Das ist vor Jahrhunderten geschehen und wird jetzt ohne Neid geduldet. Würden aber neue Menschen ohne Not gesendet, die sich zum zweiten Male auf Unkosten der Nation bereichern wollten, sähe man sich einer strengen, kühnen, unbedingten Habsucht ausgesetzt: das würde eine Gärung machen, die sich nicht leicht in sich selbst auflöste.

ALBA. Du sagst mir, was ich nicht hören sollte; auch ich bin fremd.

EGMONT. Daß ich dir's sage, zeigt dir, daß ich dich nicht meine.

ALBA. Und auch so wünscht' ich es nicht von dir zu hören. Der König sandte mich mit Hoffnung, daß ich hier den Beistand des Adels finden würde. Der König will seinen Willen. Der König hat nach tiefer Überlegung gesehen, was dem Volke frommt; es kann nicht bleiben und gehen wie bisher. Des Königs Absicht ist: sie selbst zu ihrem eignen Besten einzuschränken, ihr eigenes Heil, wenn's sein muß, ihnen aufzudringen, die schädlichen Bürger aufzuopfern, damit die übrigen Ruhe finden, des Glücks einer weisen Regierung genießen können. Dies ist sein Entschluß; diesen dem Adel kundzumachen, habe ich Befehl; und Rat verlang ich in seinem Namen, wie es zu tun sei, nicht was: denn das hat er beschlossen.

EGMONT. Leider rechtfertigen deine Worte die Furcht des Volks, die allgemeine Furcht! So hat er denn beschlossen, was kein Fürst beschließen sollte. Die Kraft seines Volks, ihr Gemüt, den Begriff, den sie von sich selbst haben, will er schwächen, niederdrücken, zerstören, um sie bequem regieren zu können. Er will den innern Kern ihrer Eigenheit verderben; gewiß in der Absicht, sie glücklicher zu machen. Er will sie vernichten, damit sie etwas werden, ein ander Etwas. O, wenn seine Absicht gut ist, so wird sie mißgeleitet! Nicht dem Könige widersetzt man sich; man stellt sich nur dem Könige entgegen, der einen falschen Weg zu wandeln die ersten unglücklichen Schritte macht.

ALBA. Wie du gesinnt bist, scheint es ein vergeblicher Versuch, uns vereinigen zu wollen. Du denkst gering vom Könige und verächtlich von seinen Räten, wenn du zweifelst, das alles sei nicht schon gedacht, geprüft, gewogen worden. Ich habe keinen Auftrag, jedes Für und Wider noch einmal durchzugehen. Gehorsam fordre ich von dem Volke – und von euch, ihr Ersten, Edelsten, Rat und Tat, als Bürgen dieser unbedingten Pflicht.

EGMONT. Fordre unsre Häupter, so ist es auf einmal getan. Ob sich der Nacken diesem Joche biegen, ob er sich vor dem Beile ducken soll, kann einer edeln Seele gleich sein. Umsonst hab ich so viel gesprochen: die Luft hab ich erschüttert, weiter nichts gewonnen.

Ferdinand kommt.

FERDINAND. Verzeiht, daß ich euer Gespräch unterbreche. Hier ist ein Brief, dessen Überbringer die Antwort dringend macht.

ALBA. Erlaubt mir, daß ich sehe, was er enthält. *Tritt an die Seite.*

FERDINAND *zu Egmont.* Es ist ein schönes Pferd, das Eure Leute gebracht haben, Euch abzuholen.

EGMONT. Es ist nicht das schlimmste. Ich hab es schon eine Weile; ich denk es wegzugeben. Wenn es Euch gefällt, so werden wir vielleicht des Handels einig.

FERDINAND. Gut, wir wollen sehn.

ALBA *winkt seinem Sohne, der sich in den Grund zurückzieht.*

EGMONT. Lebt wohl! Entlaßt mich: denn ich wüßte, bei Gott! nicht mehr zu sagen.

ALBA. Glücklich hat dich der Zufall verhindert, deinen Sinn noch weiter zu verraten. Unvorsichtig entwickelst du die Falten deines Herzens, und klagst dich selbst weit strenger an, als ein Widersacher gehässig tun könnte.

EGMONT. Dieser Vorwurf rührt mich nicht; ich kenne mich selbst genug, und weiß, wie ich dem König angehöre; weit mehr als viele, die in seinem Dienst sich selber dienen. Ungern scheid ich aus diesem Streite, ohne ihn beigelegt zu sehen, und wünsche nur, daß uns der Dienst des Herrn, das Wohl des Landes bald vereinigen möge. Es wirkt vielleicht ein wiederholtes Gespräch, die Gegenwart der übrigen Fürsten, die heute fehlen, in einem glücklichern Augenblick, was heut unmöglich scheint. Mit dieser, Hoffnung entfern ich mich.

ALBA *der zugleich seinem Sohn Ferdinand ein Zeichen gibt.* Halt, Egmont! – Deinen Degen! – *Die Mitteltür öffnet sich: man sieht die Galerie mit Wache besetzt, die unbeweglich bleibt.*

EGMONT *der staunend eine Weile geschwiegen.* Dies war die Absicht? Dazu hast du mich berufen? *Nach dem Degen greifend, als wenn er sich verteidigen wollte.* Bin ich denn wehrlos?

ALBA. Der König befiehlt's, du bist mein Gefangener. *Zugleich treten von beiden Seiten Gewaffnete herein.*

80

EGMONT *nach einer Stille.* Der König? – Oranien! Oranien! *Nach einer Pause, seinen Degen hingebend.* So nimm ihn! Er hat weit öfter des Königs Sache verteidigt, als diese Brust beschützt. *Er geht durch die Mitteltür ab; die Gewaffneten, die im Zimmer sind, folgen ihm; ingleichen Albas Sohn. Alba bleibe stehen.*

Der Vorhang fällt.

Fünfter Aufzug

Straße. Dämmerung.
Klärchen. Brackenburg. Bürger.

BRACKENBURG. Liebchen, um Gottes willen! was nimmst du vor?

KLÄRCHEN. Komm mit, Brackenburg! Du mußt die Menschen nicht kennen; wir befreien ihn gewiß. Denn was gleicht ihrer Liebe zu ihm? Jeder fühlt, ich schwör es, in sich die brennende Begier, ihn zu retten, die Gefahr von einem kostbaren Leben abzuwenden und dem Freiesten die Freiheit wiederzugeben. Komm! Es fehlt nur an der Stimme, die sie zusammenruft. In ihrer Seele lebt noch ganz frisch, was sie ihm schuldig sind! und daß sein mächtiger Arm allein von ihnen das Verderben abhält, wissen sie. Um seinet- und ihretwillen müssen sie alles wagen. Und was wagen wir? Zum höchsten unser Leben, das zu erhalten nicht der Mühe wert ist, wenn er umkommt.

BRACKENBURG. Unglückliche! Du siehst nicht die Gewalt, die uns mit ehernen Banden gefesselt hat.

KLÄRCHEN. Sie scheint mir nicht unüberwindlich. Laß uns nicht lange vergebliche Worte wechseln! Hier kommen von den alten, redlichen, wackern Männern! Hört, Freunde! Nachbarn, hört! – Sagt, wie ist es mit Egmont?

ZIMMERMEISTER. Was will das Kind? Laß sie schweigen!

KLÄRCHEN. Tretet näher, daß wir sachte reden, bis wir einig sind und stärker. Wir dürfen nicht einen Augenblick versäumen! Die freche Tyrannei, die es wagt, ihn zu fesseln, zuckt schon den Dolch, ihn zu ermorden. O Freunde! mit jedem Schritt der Dämmerung werd ich ängstlicher. Ich fürchte diese Nacht.

Kommt! wir wollen uns teilen; mit schnellem Lauf von Quartier zu Quartier rufen wir die Bürger heraus. Ein jeder greife zu seinen alten Waffen. Auf dem Markte treffen wir uns wieder, und unser Strom reißt einen jeden mit sich fort. Die Feinde sehen sich umringt und überschwemmt, und sind erdrückt. Was kann uns eine Handvoll Knechte widerstehen? Und er in unsrer Mitte kehrt zurück, sieht sich befreit und kann uns einmal danken, uns, die wir ihm so tief verschuldet worden. Er sieht vielleicht – gewiß, er sieht das Morgenrot am freien Himmel wieder.

ZIMMERMEISTER. Wie ist dir, Mädchen?

KLÄRCHEN. Könnt ihr mich mißverstehn? Vom Grafen sprech ich! Ich spreche von Egmont.

JETTER. Nennt den Namen nicht! Er ist tödlich.

KLÄRCHEN. Den Namen nicht! Wie? Nicht diesen Namen? Wer nennt ihn nicht bei jeder Gelegenheit? Wo steht er nicht geschrieben? In diesen Sternen hab ich oft mit allen seinen Lettern ihn gelesen. Nicht nennen? Was soll das? Freunde! Gute, teure Nachbarn, ihr träumt; besinnt euch! Seht mich nicht so starr und ängstlich an! Blickt nicht schüchtern hie und da beiseite! Ich ruf euch ja nur zu, was jeder wünscht. Ist meine Stimme nicht eures Herzens eigne Stimme? Wer würfe sich in dieser bangen Nacht, eh er sein unruhvolles Bette besteigt, nicht auf die Knie, ihn mit ernstlichem Gebet vom Himmel zu erringen? Fragt euch einander! frage jeder sich selbst! und wer spricht mir nicht nach: Egmonts Freiheit oder den Tod!

JETTER. Gott bewahr uns! da gibt's ein Unglück.

KLÄRCHEN. Bleibt! Bleibt und drückt euch nicht vor seinem Namen weg, dem ihr euch sonst so froh entgegen drängtet! – Wenn der Ruf ihn ankündigte, wenn es hieß: ›Egmont kommt! Er kommt von Gent!‹, da hielten die Bewohner der Straßen sich glücklich, durch die er reiten mußte. Und wenn ihr seine Pferde schallen hörtet, warf jeder seine Arbeit hin, und über die bekümmerten Gesichter, die ihr durchs Fenster stecktet, fuhr wie ein Sonnenstrahl von seinem Angesichte ein Blick der Freude und Hoffnung. Da hobt ihr eure Kinder auf der Türschwelle in die Höhe und deutetet ihnen: ›Sieh, das ist Egmont, der Größte da! Er ist's! Er ist's, von dem ihr bessere Zeiten, als eure armen Väter lebten, einst zu erwarten habt.‹ Laßt eure Kinder nicht dereinst euch fragen: ›Wo ist er hin? Wo sind die Zeiten hin, die ihr verspracht?‹ – Und so wechseln wir Worte! sind müßig, verraten ihn.

SOEST. Schämt Euch, Brackenburg! Laßt sie nicht gewähren! Steuert dem Unheil!

BRACKENBURG. Liebes Klärchen! wir wollen gehen! Was wird die Mutter sagen? Vielleicht –

KLÄRCHEN. Meinst du, ich sei ein Kind, oder wahnsinnig? Was kann vielleicht –? Von dieser schrecklichen Gewißheit bringst du mich mit keiner Hoffnung weg. – Ihr sollt mich hören, und ihr werdet: denn ich seh's, ihr seid bestürzt und könnt euch selbst in euerm Busen nicht wiederfinden. Laßt durch die gegenwärtige Gefahr nur Einen Blick in das Vergangne dringen, das kurz Vergangne! Wendet eure Gedanken nach der Zukunft! Könnt ihr denn leben? werdet ihr, wenn er zugrunde geht? Mit seinem Atem flieht der letzte Hauch der Freiheit. Was war er euch? Für wen übergab er sich der dringendsten Gefahr? Seine Wunden flossen und heilten nur für euch. Die große Seele, die euch alle trug, beschränkt ein Kerker, und Schauer tückischen Mordes schweben um sie her. Er denkt vielleicht an euch, er hofft auf euch, er, der nur zu geben, nur zu erfüllen gewohnt war.

ZIMMERMEISTER. Gevatter, kommt!

KLÄRCHEN. Und ich habe nicht Arme, nicht Mark wie ihr; doch hab ich, was euch allen eben fehlt, Mut und Verachtung der Gefahr. Könnt euch mein Atem doch entzünden! könnt ich an meinen Busen drückend euch erwärmen und beleben! Kommt! In eurer Mitte will ich gehen! – Wie eine Fahne wehrlos ein edles Heer von Kriegern wehend anführt, so soll mein Geist um eure Häupter flammen, und Liebe und Mut das schwankende zerstreute Volk zu einem fürchterlichen Heer vereinigen.

JETTER. Schaff sie beiseite, sie dauert mich.

Bürger ab.

BRACKENBURG. Klärchen! siehst du nicht, wo wir sind?

KLÄRCHEN. Wo? Unter dem Himmel, der so oft sich herrlicher zu wölben schien, wenn der Edle unter ihm herging. Aus diesen Fenstern haben sie herausgesehn, vier, fünf Köpfe übereinander; an diesen Türen haben sie gescharrt und genickt, wenn er auf die Memmen herabsah. O ich hatte sie so lieb, wie sie ihn ehrten! Wäre er Tyrann gewesen, möchten sie immer vor seinem Falle seitwärts gehn. Aber sie liebten ihn! – O ihr Hände, die ihr an die Mützen grifft, zum Schwert könnt ihr nicht greifen – Brackenburg, und wir? – Schelten wir sie? – Diese Arme, die ihn so oft fest hielten, was tun sie für ihn? – List hat in der Welt so viel erreicht – Du kennst Wege und Stege, kennst das alte Schloß. Es ist nichts unmöglich, gib mir einen Anschlag!

BRACKENBURG. Wenn wir nach Hause gingen!

KLÄRCHEN. Gut!

BRACKENBURG. Dort an der Ecke seh ich Albas Wache; laß doch die Stimme der Vernunft dir zu Herzen dringen! Hältst du mich für feig? Glaubst du nicht, daß ich um deinetwillen sterben könnte? Hier sind wir beide toll, ich so gut wie du. Siehst du nicht das Unmögliche? Wenn du dich faßtest! Du bist außer dir.

KLÄRCHEN. Außer mir! Abscheulich! Brackenburg, Ihr seid außer Euch. Da ihr laut den Helden verehrtet, ihn Freund und Schutz und Hoffnung nanntet, ihm Vivat rieft, wenn er kam: da stand ich in meinem Winkel, schob das Fenster halb auf, verbarg mich lauschend, und das Herz schlug mir höher als euch allen. Jetzt schlägt mir's wieder höher als euch allen! Ihr verbergt euch, da es not ist, verleugnet ihn und fühlt nicht, daß ihr untergeht, wenn er verdirbt.

BRACKENBURG. Komm nach Hause!

KLÄRCHEN. Nach Hause?

BRACKENBURG. Besinne dich nur! Sieh dich um! Dies sind die Straßen, die du nur sonntäglich betratst, durch die du sittsam nach der Kirche gingst, wo du übertrieben ehrbar zürntest, wenn ich mit einem freundlichen grüßenden Wort mich zu dir gesellte. Du stehst und redest, handelst vor den Augen der offnen Welt; besinne dich, Liebe! wozu hilft es uns?

KLÄRCHEN. Nach Hause! Ja, ich besinne mich. Komm, Brackenburg, nach Hause! Weißt du, wo meine Heimat ist? *Ab.*

Gefängnis.
Durch eine Lampe erhellt, ein Ruhebett im Grunde.

EGMONT *allein.* Alter Freund! immer getreuer Schlaf, fliehst du mich auch wie die übrigen Freunde? Wie willig senktest du dich auf mein freies Haupt herunter und kühltest, wie ein schöner Myrtenkranz der Liebe, meine Schläfe! Mitten unter Waffen, auf der Woge des Lebens, ruh ich leicht atmend, wie ein aufquellender Knabe, in deinen Armen. Wenn Stürme durch Zweige und Blätter sausten, Ast und Wipfel sich knirrend bewegten, blieb innerst doch der Kern des Herzens ungeregt. Was schüttelt dich nun? Was erschüttert den festen, treuen Sinn? Ich fühl's, es ist der Klang der Mordaxt, die an meiner Wurzel nascht. Noch steh ich aufrecht, und ein innrer Schauer durchfährt mich. Ja, sie überwindet, die verräterische Gewalt; sie untergräbt den festen hohen Stamm, und eh die Rinde dorrt, stürzt krachend und zerschmetternd deine Krone. Warum denn jetzt, der du so oft gewalt'ge Sorgen gleich Seifenblasen dir vom Haupte weggewiesen, warum vermagst du nicht die Ahnung zu verscheuchen, die tausendfach in dir sich auf und nieder treibt? Seit wann begegnet der Tod dir fürchterlich, mit dessen wechselnden Bildern, wie mit den übrigen Gestalten der gewohnten Erde, du gelassen lebtest? – Auch ist er's nicht, der rasche Feind, dem die gesunde Brust wetteifernd sich entgegen sehnt; der Kerker ist's, des Grabes Vorbild, dem Helden wie dem Feigen widerlich. Unleidlich ward mir's schon auf meinem gepolsterten Stuhle, wenn in stattlicher Versammlung die Fürsten, was leicht zu entscheiden war, mit wiederkehrenden Gesprächen überlegten, und zwischen düstern Wänden eines Saals die Balken der Decke mich erdrückten. Da eilt ich fort, sobald es möglich war, und rasch aufs Pferd mit tiefem Atemzuge! Und frisch hinaus, da wo wir hingehören! ins Feld, wo aus der Erde dampfend jede nächste Wohltat der Natur, und durch die Himmel wehend alle Segen der Gestirne einhüllend uns umwittern; wo wir, dem erdgebornen Riesen gleich, von der Berührung unsrer Mutter kräftiger uns in die Höhe reißen; wo wir die Menschheit ganz, und menschliche Begier in allen Adern fühlen, wo das Verlangen, vorzudringen, zu besiegen, zu erhaschen, seine Faust zu brauchen, zu besitzen, zu erobern, durch die Seele des jungen Jägers glüht; wo der Soldat sein angebornes Recht auf alle Welt mit raschem Schritt sich anmaßt, und in fürchterlicher Freiheit wie ein Hagelwetter durch Wiese, Feld und Wald verderbend streicht, und keine Grenzen kennt, die Menschenhand gezogen. Du bist nur Bild, Erinnerungstraum des Glücks, das ich so lang besessen; wo hat dich das Geschick verräterisch hingeführt? Versagt es dir, den nie gescheuten Tod vorm Angesicht der Sonne rasch zu gönnen, um dir des Grabes Vorgeschmack im ekeln Moder zu bereiten? Wie haucht er mich aus diesen Steinen widrig an! Schon starrt das Leben; vor dem Ruhebette wie vor dem Grabe scheut der Fuß. – O Sorge! Sorge! die du vor der Zeit den Mord beginnst, laß ab! – Seit wann ist Egmont denn allein, so ganz allein in dieser Welt? Dich macht der Zweifel hülflos, nicht das Glück. Ist die Gerechtigkeit des Königs, der du lebenslang vertrautest, ist der Regentin Freundschaft, die fast (du darfst es dir gestehn), fast Liebe war, sind sie auf einmal, wie ein glänzend Feuerbild der Nacht, verschwunden? und lassen dich allein auf dunkelm Pfad zurück? Wird an der Spitze deiner Freunde Oranien nicht wagend sinnen? Wird nicht ein Volk sich sammeln und mit anschwellender Gewalt den alten Freund erretten? O haltet, Mauern, die ihr mich einschließt, so vieler Geister wohlgemeintes Drängen nicht von mir ab; und welcher Mut aus meinen Augen sonst sich über sie ergoß, der kehre nun aus ihren Herzen in meines wieder! O ja, sie rühren sich zu Tausenden! sie kommen! stehen mir zur Seite! Ihr frommer Wunsch eilt dringend zu dem Himmel, er bittet um ein Wunder. Und steigt zu meiner Rettung nicht ein Engel nieder, so seh ich sie nach Lanz' und Schwertern greifen. Die Tore spalten sich, die Gitter springen, die Mauer stürzt vor ihren Händen ein, und der Freiheit des einbrechenden Tages steigt Egmont fröhlich entgegen. Wie manch bekannt Gesicht empfängt mich jauchzend! Ach Klärchen, wärst du Mann, so säh ich dich gewiß auch hier zuerst und dankte dir, was einem Könige zu danken hart ist, Freiheit.

Klärchens Haus.
Klärchen kommt mit einer Lampe und einem Glas Wasser aus
der Kammer; sie setzt das Glas auf den Tisch und tritt ans
Fenster.

Brackenburg? Seid Ihr's? Was hört' ich denn? noch niemand?
Es war niemand! Ich will die Lampe ins Fenster setzen, daß er
sieht, ich wache noch, ich warte noch auf ihn. Er hat mir
Nachricht versprochen. Nachricht? entsetzliche Gewißheit! –
Egmont verurteilt! – Welch Gericht darf ihn fordern? und sie
verdammen ihn! Der König verdammt ihn? oder der Herzog?
Und die Regentin entzieht sich! Oranien zaudert, und alle seine
Freunde! – – Ist dies die Welt, von deren Wankelmut, Unzuver-
lässigkeit ich viel gehört und nichts empfunden habe? Ist dies
die Welt? – Wer wäre bös genug, den Teuern anzufeinden?
Wäre Bosheit mächtig genug, den allgemein Erkannten schnell
zu stürzen? Doch ist es so – es ist. – O Egmont, sicher hielt ich
dich vor Gott und Menschen, wie in meinen Armen! Was war
ich dir? Du hast mich dein genannt, mein ganzes Leben widmete
ich deinem Leben. – Was bin ich nun? Vergebens streck ich
nach der Schlinge, die dich faßt, die Hand aus. Du hülflos, und
ich frei! – Hier ist der Schlüssel zu meiner Türe. An meiner
Willkür hängt mein Gehen und mein Kommen, und dir bin ich
zu nichts! – – O bindet mich, damit ich nicht verzweifle; und
werft mich in den tiefsten Kerker, daß ich das Haupt an feuchte
Mauern schlage, nach Freiheit winsle, träume, wie ich ihm helfen
wollte, wenn Fesseln mich nicht lähmten, wie ich ihm helfen
würde! – Nun bin ich frei, und in der Freiheit liegt die Angst
der Ohnmacht. – Mir selbst bewußt, nicht fähig, ein Glied nach
seiner Hülfe zu rühren. Ach leider, auch der kleine Teil von
deinem Wesen, dein Klärchen, ist wie du gefangen, und regt

getrennt im Todeskrampfe nur die letzten Kräfte. – Ich höre schleichen, husten – Brackenburg – er ist's! – Elender guter Mann, dein Schicksal bleibt sich immer gleich: dein Liebchen öffnet dir die nächtliche Tür, und ach zu welch unseliger Zusammenkunft!

Brackenburg tritt auf.

KLÄRCHEN. Du kommst so bleich und schüchtern, Brackenburg! was ist's?

BRACKENBURG. Durch Umwege und Gefahren such ich dich auf. Die großen Straßen sind besetzt, durch Gäßchen und durch Winkel hab ich mich zu dir gestohlen.

KLÄRCHEN. Erzähl, wie ist's?

BRACKENBURG *indem er sich setzt.* Ach Kläre, laß mich weinen. Ich liebt ihn nicht. Er war der reiche Mann und lockte des Armen einziges Schaf zur bessern Weide herüber. Ich hab ihn nie verflucht; Gott hat mich treu geschaffen und weich. In Schmerzen floß mein Leben von mir nieder, und zu verschmachten hofft ich jeden Tag.

KLÄRCHEN. Vergiß das, Brackenburg! Vergiß dich selbst! Sprich mir von ihm! Ist's wahr? Ist er verurteilt?

BRACKENBURG. Er ist's! Ich weiß es ganz genau.

KLÄRCHEN. Und lebt noch?

BRACKENBURG. Ja, er lebt noch.

KLÄRCHEN. Wie willst du das versichern? – Die Tyrannei ermordet in der Nacht den Herrlichen! vor allen Augen verborgen fließt sein Blut. Ängstlich im Schlafe liegt das betäubte Volk und träumt von Rettung, träumt ihres ohnmächtigen Wunsches Erfüllung; indes, unwillig über uns, sein Geist die Welt verläßt. Er ist dahin! – Täusche mich nicht! dich nicht!

BRACKENBURG. Nein gewiß, er lebt! – Und leider, es bereitet der Spanier dem Volke, das er zertreten will, ein fürchterliches Schauspiel, gewaltsam jedes Herz, das nach der Freiheit sich regt, auf ewig zu zerknirschen.

KLÄRCHEN. Fahre fort und sprich gelassen auch mein Todesurteil aus! Ich wandle den seligen Gefilden schon näher und näher, mir weht der Trost aus jenen Gegenden des Friedens schon herüber. Sag an!

BRACKENBURG. Ich konnt es an den Wachen merken, aus Reden, die bald da, bald dort fielen, daß auf dem Markte geheimnisvoll ein Schrecknis zubereitet werde. Ich schlich durch Seitenwege, durch bekannte Gänge nach meines Vettern Hause und sah aus einem Hinterfenster nach dem Markte. – Es wehten Fackeln in einem weiten Kreise spanischer Soldaten hin und wider. Ich schärfte mein ungewohntes Auge, und aus der Nacht stieg mir ein schwarzes Gerüst entgegen, geräumig, hoch; mir grauste vor dem Anblick. Geschäftig waren viele ringsumher bemüht, was noch von Holzwerk weiß und sichtbar war, mit schwarzem Tuch einhüllend zu verkleiden. Die Treppen deckten sie zuletzt auch schwarz, ich sah es wohl. Sie schienen die Weihe eines gräßlichen Opfers vorbereitend zu begehn. Ein weißes Kruzifix, das durch die Nacht wie Silber blinkte, ward an der einen Seite hoch aufgesteckt. Ich sah und sah die schreckliche Gewißheit immer gewisser. Noch wanken Fackeln hie und da herum; allmählich wichen sie und erloschen. Auf einmal war die scheußliche Geburt der Nacht: in ihrer Mutter Schoß zurückgekehrt.

KLÄRCHEN. Still, Brackenburg! Nun still! Laß diese Hülle auf meiner Seele ruhn! Verschwunden sind die Gespenster, und du, holde Nacht, leih deinen Mantel der Erde, die in sich gärt; sie trägt nicht länger die abscheuliche Last, reißt ihre tiefen Spalten grausend auf und knirscht das Mordgerüst hinunter. Und irgendeinen Engel sendet der Gott, den sie zum Zeugen ihrer Wut geschändet; vor des Boten heiliger Berührung lösen sich Riegel und Bande, und er umgießt den Freund mit mildem Schimmer; er führt ihn durch die Nacht zur Freiheit sanft und still. Und auch mein Weg geht heimlich in dieser Dunkelheit, ihm zu begegnen.

BRACKENBURG *sie aufhaltend.* Mein Kind, wohin? was wagst du?

KLÄRCHEN. Leise, Lieber, daß niemand erwache! daß wir uns selbst nicht wecken! Kennst du dies Fläschchen, Brackenburg? Ich nahm dir's scherzend, als du mit übereiltem Tod oft ungeduldig drohtest. – Und nun, mein Freund –

BRACKENBURG. In aller Heiligen Namen!

KLÄRCHEN. Du hinderst nichts. Tod ist mein Teil! und gönne mir den sanften schnellen Tod, den du dir selbst bereitetest. Gib mir deine Hand! – Im Augenblick, da ich die dunkle Pforte eröffne, aus der kein Rückweg ist, könnt ich mit diesem Händedruck dir sagen: wie sehr ich dich geliebt, wie sehr ich dich bejammert! Mein Bruder starb mir jung; dich wählt ich, seine Stelle zu ersetzen. Es widersprach dein Herz und quälte sich und mich, verlangtest heiß und immer heißer, was dir nicht beschieden war. Vergib mir und leb wohl! Laß mich dich Bruder nennen! Es ist ein Name, der viel Namen in sich faßt. Nimm die letzte schöne Blume der Scheidenden mit treuem Herzen ab – nimm diesen Kuß – Der Tod vereinigt alles, Brackenburg, uns denn auch.

BRACKENBURG. So laß mich mit dir sterben! Teile! Teile! Es ist genug, zwei Leben auszulöschen.

KLÄRCHEN. Bleib! du sollst leben, du kannst leben. – Steh meiner Mutter bei, die ohne dich in Armut sich verzehren würde. Sei ihr, was ich ihr nicht mehr sein kann; lebt zusammen, und beweint mich! Beweint das Vaterland und den, der es allein erhalten konnte! Das heutige Geschlecht wird diesen Jammer nicht los; die Wut der Rache selbst vermag ihn nicht zu tilgen. Lebt, ihr Armen, die Zeit noch hin, die keine Zeit mehr ist. Heut steht die Welt auf einmal still; es stockt ihr Kreislauf, und mein Puls schlägt kaum noch wenige Minuten! Leb wohl!

BRACKENBURG. O lebe du mit uns, wie wir für dich allein! Du tötest uns in dir, o leb und leide! Wir wollen unzertrennlich dir zu beiden Seiten stehn, und immer achtsam soll die Liebe den schönsten Trost in ihren lebendigen Armen dir bereiten. Sei unser! Unser! Ich darf nicht sagen: mein.

KLÄRCHEN. Leise, Brackenburg, du fühlst nicht, was du rührst. Wo Hoffnung dir erscheint, ist mir Verzweiflung.

BRACKENBURG. Teile mit den Lebendigen die Hoffnung! Verweil am Rande des Abgrunds, schau hinab und sieh auf uns zurück!

KLÄRCHEN. Ich hab überwunden, ruf mich nicht wieder zum Streit!

BRACKENBURG. Du bist betäubt; gehüllt in Nacht suchst du die Tiefe. Noch ist nicht jedes Licht erloschen, noch mancher Tag! –

KLÄRCHEN. Weh! über dich weh! weh! Grausam zerreißest du den Vorhang vor meinem Auge. Ja, er wird grauen, der Tag! vergebens alle Nebel um sich ziehn und wider Willen grauen! Furchtsam schaut der Bürger aus seinem Fenster, die Nacht läßt einen schwarzen Flecken zurück; er schaut, und fürchterlich wächst im Lichte das Mordgerüst. Neu leidend wendet das entweihte Gottesbild sein flehend Auge zum Vater auf. Die Sonne wagt sich nicht hervor; sie will die Stunde nicht bezeichnen, in der er sterben soll. Träge gehn die Zeiger ihren Weg, und eine Stunde nach der andern schlägt. Halt! halt! Nun ist es Zeit! mich scheucht des Morgens Ahndung in das Grab. *Sie tritt ans Fenster, als sähe sie sich um, und trinkt heimlich.*

BRACKENBURG. Kläre! Kläre!

KLÄRCHEN *geht nach dem Tisch und trinkt das Wasser.* Hier ist der Rest! Ich locke dich nicht nach. Tu, was du darfst, leb wohl! Lösche diese Lampe still und ohne Zaudern, ich geh zur Ruhe. Schleiche dich sachte weg, ziehe die Tür nach dir zu! Still! Wecke meine Mutter nicht! Geh, rette dich! Rette dich! wenn du nicht mein Mörder scheinen willst. *Ab.*

BRACKENBURG. Sie läßt mich zum letzten Male wie immer. O könnte eine Menschenseele fühlen, wie sie ein liebend Herz zerreißen kann! Sie läßt mich stehn, mir selber überlassen; und Tod und Leben ist mir gleich verhaßt. – Allein zu sterben! – Weint, ihr Liebenden! Kein härter Schicksal ist als meins! Sie teilt mit mir den Todestropfen, und schickt mich weg! von ihrer Seite weg! Sie zieht mich nach, und stößt ins Leben mich zurück. O Egmont, welch preiswürdig Los fällt dir! Sie geht voran; der Kranz des Siegs aus ihrer Hand ist dein, sie bringt den ganzen Himmel dir entgegen! – Und soll ich folgen? wieder seitwärts stehn? den unauslöschlichen Neid in jene Wohnungen hinüber-tragen? – Auf Erden ist kein Bleiben mehr für mich, und Höll und Himmel bieten gleiche Qual. Wie wäre der Vernichtung Schreckenshand dem Unglückseligen willkommen!

Brackenburg geht ab, das Theater bleibt einige Zeit unverändert. Eine Musik, Klärchens Tod bezeichnend, beginnt; die Lampe, welche Brackenburg auszulöschen vergessen, flammt noch einigemal auf, dann verlischt sie. Bald verwandelt sich der Schauplatz in das Gefängnis. Egmont liegt schlafend auf dem Ruhebette. Es entsteht ein Gerassel mit Schlüsseln, und die Tür tut sich auf. Diener mit Fackeln treten herein; ihnen folgt

Ferdinand, Albas Sohn, und Silva, begleitet von Gewaffneten.
Egmont fährt aus dem Schlaf auf.

EGMONT. Wer seid ihr, die ihr mir unfreundlich den Schlaf von den Augen schüttelt? Was künden eure trotzigen, unsichern Blicke mir an? Warum diesen fürchterlichen Aufzug? Welchen Schreckenstraum kommt ihr der halberwachten Seele vorzulügen?

SILVA. Uns schickt der Herzog, dir dein Urteil anzukündigen.

EGMONT. Bringst du den Henker auch mit, es zu vollziehen?

SILVA. Vernimm es, so wirst du wissen, was deiner wartet.

EGMONT. So ziemt es euch und euerm schändlichen Beginnen! In Nacht gebrütet und in Nacht vollführt. So mag diese freche Tat der Ungerechtigkeit sich verbergen! Tritt kühn hervor, der du das Schwert verhüllt unter dem Mantel trägst; hier ist mein Haupt, das freieste, das je die Tyrannei vom Rumpf gerissen.

SILVA. Du irrst! Was gerechte Richter beschließen, werden sie vorm Angesicht des Tages nicht verbergen.

EGMONT. So übersteigt die Frechheit jeden Begriff und Gedanken.

SILVA *nimmt einem Dabeistehenden das Urteil ab, entfaltet's und liest.* »Im Namen des Königs, und kraft besonderer von Seiner Majestät uns übertragenen Gewalt, alle seine Untertanen, wes Standes sie seien, zugleich die Ritter des Goldnen Vlieses zu richten, erkennen wir –«

EGMONT. Kann die der König übertragen?

SILVA. »Erkennen wir, nach vorgängiger genauer, gesetzlicher Untersuchung, dich Heinrich Grafen Egmont, Prinzen von Gaure, des Hochverrates schuldig, und sprechen das Urteil: daß du mit der Frühe des einbrechenden Morgens aus dem Kerker auf den Markt geführt, und dort vorm Angesicht des Volks zur Warnung aller Verräter mit dem Schwerte vom Leben zum Tode gebracht werden sollest. Gegeben Brüssel am« *Datum und*

Jahrzahl werden undeutlich gelesen, so daß sie der Zuhörer nicht versteht. »Ferdinand, Herzog von Alba, Vorsitzer des Gerichts der Zwölfe.« Du weißt nun dein Schicksal; es bleibt dir wenige Zeit, dich drein zu ergeben, dein Haus zu bestellen und von den Deinigen Abschied zu nehmen.

Silva mit dem Gefolge geht ab. Es bleibt Ferdinand und zwei Fackeln; das Theater ist mäßig erleuchtet.

EGMONT *hat eine Weile in sich versenkt stille gestanden und Silva, ohne sich umzusehen, abgehen lassen. Er glaubt sich allein, und da er die Augen aufhebt, erblickt er Albas Sohn.* Du stehst und bleibst? Willst du mein Erstaunen, mein Entsetzen noch durch deine Gegenwart vermehren? Willst du noch etwa die willkommne Botschaft deinem Vater bringen, daß ich unmännlich verzweifle? Geh! Sag ihm! Sag ihm, daß er weder mich noch die Welt belügt. Ihm, dem Ruhmsüchtigen, wird man es erst hinter den Schultern leise lispeln, dann laut und lauter sagen, und wenn er einst von diesem Gipfel herabsteigt, werden tausend Stimmen es ihm entgegenrufen! Nicht das Wohl des Staats, nicht die Würde des Königs, nicht die Ruhe der Provinzen haben ihn hierher gebracht. Um sein selbst willen hat er Krieg geraten, daß der Krieger im Kriege gelte. Er hat diese ungeheure Verwirrung erregt, damit man seiner bedürfe. Und ich falle, ein Opfer seines niedrigen Hasses, seines kleinlichen Neides. Ja, ich weiß es, und ich darf es sagen; der Sterbende, der tödlich Verwundete kann es sagen: mich hat der Eingebildete beneidet; mich wegzutilgen hat er lange gesonnen und gedacht. Schon damals, als wir, noch jünger, mit Würfeln spielten, und die Haufen Goldes, einer nach dem andern, von seiner Seite zu mir herübereilten, da stand er grimmig, log Gelassenheit, und innerlich verzehrt ihn die Ärgernis, mehr über mein Glück als über seinen Verlust.

Noch erinnere ich mich des funkelnden Blicks, der verräterischen Blässe, als wir an einem öffentlichen Feste vor vielen tausend Menschen um die Wette schossen. Er forderte mich auf, und beide Nationen standen, die Spanier, die Niederländer, wetteten und wünschten. Ich überwand ihn; seine Kugel irrte, die meine traf; ein lauter Freudenschrei der Meinigen durchbrach die Luft. Nun trifft mich sein Geschoß. Sag ihm, daß ich's weiß, daß ich ihn kenne, daß die Welt jede Siegszeichen verachtet, die ein kleiner Geist erschleichend sich aufrichtet. Und du! wenn einem Sohne möglich ist, von der Sitte des Vaters zu weichen, übe beizeiten die Scham, indem du dich für den schämst, den du gerne von ganzem Herzen verehren möchtest.

FERDINAND. Ich höre dich an, ohne dich zu unterbrechen! Deine Vorwürfe lasten wie Keulschläge auf einen Helm; ich fühle die Erschütterung, aber ich bin bewaffnet. Du triffst mich, du verwundest mich nicht; fühlbar ist mir allein der Schmerz, der mir den Busen zerreißt. Wehe mir! Wehe! Zu einem solchen Anblick bin ich aufgewachsen, zu einem solchen Schauspiele bin ich gesendet!

EGMONT. Du brichst in Klagen aus? Was rührt, was bekümmert dich? Ist es eine späte Reue, daß du der schändlichen Verschwörung deinen Dienst geliehen? Du bist so jung und hast ein glückliches Ansehn. Du warst so zutraulich, so freundlich gegen mich. Solang ich dich sah, war ich mit deinem Vater versöhnt. Und ebenso verstellt, verstellter als er, lockst du mich in das Netz. Du bist der Abscheuliche! Wer ihm traut, mag er es auf seine Gefahr tun; aber wer fürchtete Gefahr, dir zu vertrauen? Geh! Geh! Raube mir nicht die wenigen Augenblicke! Geh, daß ich mich sammle, die Welt und dich zuerst vergesse! –

FERDINAND. Was soll ich dir sagen? Ich stehe und sehe dich an, und sehe dich nicht, und fühle mich nicht. Soll ich mich entschuldigen? Soll ich dich versichern, daß ich erst spät, erst ganz zuletzt des Vaters Absichten erfuhr, daß ich als ein gezwungenes, ein lebloses Werkzeug seines Willens handelte? Was fruchtet's, welche Meinung du von mir haben magst? Du bist verloren; und ich Unglücklicher stehe nur da, um dich's zu versichern, um dich zu bejammern.

EGMONT. Welche sonderbare Stimme, welch ein unerwarteter Trost begegnet mir auf dem Wege zum Grabe? Du, Sohn meines ersten, meines fast einzigen Feindes, du bedauerst mich, du bist nicht unter meinen Mördern? Sage, rede! Für wen soll ich dich halten?

FERDINAND. Grausamer Vater! Ja, ich erkenne dich in diesem Befehle. Du kanntest mein Herz, meine Gesinnung, die du so oft als Erbteil einer zärtlichen Mutter schaltest. Mich dir gleich zu bilden, sandtest du mich hierher. Diesen Mann am Rande des gähnenden Grabes, in der Gewalt eines willkürlichen Todes zu sehen, zwingst du mich; daß ich den tiefsten Schmerz empfinde, daß ich taub gegen alles Schicksal, daß ich unempfindlich werde, es geschehe mir, was wolle.

EGMONT. Ich erstaune! Fasse dich! Stehe, rede wie ein Mann!

FERDINAND. O daß ich ein Weib wäre! daß man mir sagen könnte: was rührt dich? was ficht dich an? Sage mir ein größeres, ein ungeheureres Übel, mache mich zum Zeugen einer schrecklichern Tat; ich will dir danken, ich will sagen: es war nichts.

EGMONT. Du verlierst dich. Wo bist du?

FERDINAND. Laß diese Leidenschaft rasen, laß mich losgebunden klagen! Ich will nicht standhaft scheinen, wenn alles in mir zusammenbricht. Dich soll ich hier sehn? Dich? – Es ist entsetzlich! Du verstehst mich nicht! Und sollst du mich verstehen? Egmont! Egmont! *Ihm um den Hals fallend.*

EGMONT. Löse mir das Geheimnis!

FERDINAND. Kein Geheimnis.

EGMONT. Wie bewegt dich so tief das Schicksal eines fremden Mannes?

FERDINAND. Nicht fremd! Du bist mir nicht fremd. Dein Name war's, der mir in meiner ersten Jugend gleich einem Stern des Himmels entgegenleuchtete. Wie oft hab ich nach dir gehorcht, gefragt! Des Kindes Hoffnung ist der Jüngling, des Jünglings der Mann. So bist du vor mir her geschritten; immer vor, und ohne Neid sah ich dich vor, und schritt dir nach, und fort und fort. Nun hofft ich endlich dich zu sehen, und sah dich, und mein Herz flog dir entgegen. Dich hatt ich mir bestimmt, und wählte dich aufs neue, da ich dich sah. Nun hofft ich erst, mit dir zu sein, mit dir zu leben, dich zu fassen, dich – Das ist nun alles weggeschnitten, und ich sehe dich hier!

EGMONT. Mein Freund, wenn es dir wohltun kann, so nimm die Versicherung, daß im ersten Augenblicke mein Gemüt dir entgegenkam. Und höre mich. Laß uns ein ruhiges Wort untereinander wechseln. Sage mir: ist es der strenge, ernste Wille deines Vaters, mich zu töten?

FERDINAND. Er ist's.

EGMONT. Dieses Urteil wäre nicht ein leeres Schreckbild, mich zu ängstigen, durch Furcht und Drohung zu strafen, mich zu erniedrigen und dann mit königlicher Gnade mich wieder aufzuheben?

FERDINAND. Nein, ach leider nein! Anfangs schmeichelte ich mir mit dieser ausweichenden Hoffnung; und schon da empfand ich Angst und Schmerz, dich in diesem Zustande zu sehen. Nun ist es wirklich, ist gewiß. Nein, ich regiere mich nicht. Wer gibt mir eine Hülfe, wer einen Rat, dem Unvermeidlichen zu entgehen?

EGMONT. So höre mich! Wenn deine Seele so gewaltsam dringt, mich zu retten, wenn du die Übermacht verabscheust, die mich gefesselt hält, so rette mich! Die Augenblicke sind kostbar. Du bist des Allgewaltigen Sohn, und selbst gewaltig – Laß uns entfliehen! Ich kenne die Wege; die Mittel können dir nicht unbekannt sein. Nur diese Mauern, nur wenige Meilen entfernen mich von meinen Freunden. Löse diese Bande, bringe mich zu ihnen und sei unser! Gewiß, der König dankt dir dereinst meine Rettung. Jetzt ist er überrascht, und vielleicht ist ihm alles unbekannt. Dein Vater wagt; und die Majestät muß das Geschehene billigen, wenn sie sich auch davor entsetzet. Du denkst? O denke mir den Weg der Freiheit aus! Sprich, und nähre die Hoffnung der lebendigen Seele!

FERDINAND. Schweig! o schweige! Du vermehrst mit jedem Worte meine Verzweiflung. Hier ist kein Ausweg, kein Rat, keine Flucht. – Das quält mich, das greift und faßt mir wie mit Klauen die Brust. Ich habe selbst das Netz zusammengezogen; ich kenne die strengen festen Knoten; ich weiß, wie jeder Kühnheit, jeder List die Wege verrennt sind; ich fühle mich mit dir und mit allen andern gefesselt. Würde ich klagen, hätte ich nicht alles versucht? Zu seinen Füßen habe ich gelegen, geredet und gebeten. Er schickte mich hierher, um alles, was von Lebenslust und -freude mit mir lebt, in diesem Augenblicke zu zerstören.

EGMONT. Und keine Rettung?

FERDINAND. Keine!

EGMONT *mit dem Fuße stampfend.* Keine Rettung! – – Süßes Leben! schöne freundliche Gewohnheit des Daseins und Wirkens! von dir soll ich scheiden! So gelassen scheiden! Nicht im Tumulte der Schlacht, unter dem Geräusch der Waffen, in der Zerstreuung des Getümmels gibst du mir ein flüchtiges Lebewohl; du nimmst keinen eiligen Abschied, verkürzest nicht den Augenblick der Trennung. Ich soll deine Hand fassen, dir noch einmal in die Augen sehn, deine Schöne, deinen Wert recht lebhaft fühlen und dann mich entschlossen losreißen und sagen: Fahre hin!

FERDINAND. Und ich soll daneben stehn, zusehn, dich nicht halten, nicht hindern können! O welche Stimme reichte zur Klage! Welches Herz flösse nicht aus seinen Banden vor diesem Jammer!

EGMONT. Fasse dich!

FERDINAND. Du kannst dich fassen, du kannst entsagen, den schweren Schritt an der Hand der Notwendigkeit heldenmäßig gehn. Was kann ich? Was soll ich? Du überwindest dich selbst und uns; du überstehst; ich überlebe dich und mich selbst. Bei der Freude des Mahls hab ich mein Licht, im Getümmel der Schlacht meine Fahne verloren. Schal, verworren, trüb scheint mir die Zukunft.

EGMONT. Junger Freund, den ich durch ein sonderbares Schicksal zugleich gewinne und verliere, der für mich die Todesschmerzen empfindet, für mich leidet, sieh mich in diesen Augenblicken an; du verlierst mich nicht. War dir mein Leben ein Spiegel, in welchem du dich gerne betrachtetest, so sei es auch mein Tod. Die Menschen sind nicht nur zusammen, wenn sie beisammen sind; auch der Entfernte, der Abgeschiedne lebt uns. Ich lebe dir, und habe mir genug gelebt. Eines jeden Tages hab ich mich gefreut, an jedem Tage mit rascher Wirkung meine Pflicht getan, wie mein Gewissen mir sie zeigte. Nun endigt sich das Leben, wie es sich früher, früher, schon auf dem Sande von Gravelingen hätte endigen können. Ich höre auf zu leben; aber ich habe gelebt. So leb auch du, mein Freund, gern und mit Lust, und scheue den Tod nicht!

FERDINAND. Du hättest dich für uns erhalten können, erhalten sollen. Du hast dich selber getötet. Oft hört ich, wenn kluge Männer über dich sprachen, feindselige, wohlwollende, sie stritten lang über deinen Wert; doch endlich vereinigten sie sich, keiner wagt' es zu leugnen, jeder gestand: ja, er wandelt einen gefährlichen Weg. Wie oft wünscht ich, dich warnen zu können! Hattest du denn keine Freunde?

EGMONT. Ich war gewarnt.

FERDINAND. Und wie ich punktweise alle diese Beschuldigungen wieder in der Anklage fand, und deine Antworten! Gut genug, dich zu entschuldigen; nicht triftig genug, dich von der Schuld zu befreien –

EGMONT. Dies sei beiseitegelegt. Es glaubt der Mensch, sein Leben zu leiten, sich selbst zu führen; und sein Innerstes wird unwiderstehlich nach seinem Schicksale gezogen. Laß uns darüber nicht sinnen; dieser Gedanken entschlag ich mich leicht – schwerer der Sorge für dieses Land! doch auch dafür wird gesorgt sein. Kann mein Blut für viele fließen, meinem Volk Friede bringen, so fließt es willig. Leider wird's nicht so werden. Doch es ziemt dem Menschen, nicht mehr zu grübeln, wo er nicht mehr wirken soll. Kannst du die verderbende Gewalt deines Vaters aufhalten, lenken, so tu's! Wer wird das können? – Leb wohl!

FERDINAND. Ich kann nicht gehn.

EGMONT. Laß meine Leute dir aufs beste empfohlen sein! Ich habe gute Menschen zu Dienern; daß sie nicht zerstreut nicht unglücklich werden! Wie steht es um Richard, meinen Schreiber?

FERDINAND. Er ist dir vorangegangen. Sie haben ihn als Mitschuldigen des Hochverrats enthauptet.

EGMONT. Arme Seele! – Noch eins, und dann leb wohl, ich kann nicht mehr. Was auch den Geist gewaltsam beschäftigt, fordert die Natur zuletzt doch unwiderstehlich ihre Rechte; und wie ein

102

Kind, umwunden von der Schlange, des erquickenden Schlafs genießt, so legt der Müde sich noch einmal vor der Pforte des Todes nieder und ruht tief aus, als ob er einen weiten Weg zu wandern hätte. – Noch eins – Ich kenne ein Mädchen; du wirst sie nicht verachten, weil sie mein war. Nun ich sie dir empfehle, sterb ich ruhig. Du bist ein edler Mann; ein Weib, das den findet, ist geborgen. Lebt mein alter Adolf? ist er frei?

FERDINAND. Der muntre Greis, der Euch zu Pferde immer begleitete?

EGMONT. Derselbe.

FERDINAND. Er lebt, er ist frei.

EGMONT. Er weiß ihre Wohnung; laß dich von ihm führen und lohn ihm bis an sein Ende, daß er dir den Weg zu diesem Kleinode zeigt. – Leb wohl!

FERDINAND. Ich gehe nicht.

EGMONT *ihn nach der Tür drängend.* Leb wohl!

FERDINAND. O laß mich noch!

EGMONT. Freund, keinen Abschied!

Er begleitet Ferdinanden bis an die Tür und reißt sich dort von ihm los.
Ferdinand, betäubt, entfernt sich eilend.

EGMONT *allein.* Feindseliger Mann! Du glaubtest nicht, mir diese Wohltat durch deinen Sohn zu erzeigen. Durch ihn bin ich der Sorgen los und der Schmerzen, der Furcht und jedes ängstlichen Gefühls. Sanft und dringend fordert die Natur ihren letzten Zoll. Es ist vorbei, es ist beschlossen! und was die letzte Nacht mich ungewiß auf meinem Lager wachend hielt, das schläfert nun mit unbezwinglicher Gewißheit meine Sinnen ein.

Er setzt sich aufs Ruhebett. Musik.

Süßer Schlaf! Du kommst wie ein reines Glück ungebeten, unerfleht am willigsten. Du lösest die Knoten der strengen Gedanken, vermischest alle Bilder der Freude und des Schmerzes; ungehindert fließt der Kreis innerer Harmonien, und eingehüllt in gefälligen Wahnsinn, versinken wir und hören auf zu sein.

Er entschläft; die Musik begleitet seinen Schlummer. Hinter seinem Lager scheint sich die Mauer zu eröffnen, eine glänzende Erscheinung zeigt sich. Die Freiheit in himmlischem Gewande, von einer Klarheit umflossen, ruht auf einer Wolke. Sie hat die Züge von Klärchen und neigt sich gegen den schlafenden Helden. Sie drückt eine bedauernde Empfindung aus, sie scheint ihn zu beklagen. Bald faßt sie sich, und mit aufmunternder Gebärde zeigt sie ihm das Bündel Pfeile, dann den Stab mit dem Hute. Sie heißt ihn froh sein, und indem sie ihm andeutet, daß sein Tod den Provinzen die Freiheit verschaffen werde, erkennt sie ihn als Sieger und reicht ihm einen Lorbeerkranz. Wie sie sich mit dem Kranze dem Haupte nahet, macht Egmont eine Bewegung, wie einer, der sich im Schlafe regt, dergestalt daß er mit dem Gesicht aufwärts gegen sie liegt. Sie hält den Kranz über seinem Haupte schwebend; man hört ganz von weitem eine kriegerische Musik von Trommeln und Pfeifen: bei dem leisesten Laut derselben verschwindet die Erscheinung, Der Schall wird stärker. Egmont erwacht; das Gefängnis wird vom Morgen mäßig erhellt. Seine erste Bewegung ist, nach dem Haupte zu greifen: er steht auf und sieht sich um, indem er die Hand auf dem Haupte behält.

Verschwunden ist der Kranz! Du schönes Bild, das Licht des Tages hat dich verscheuchet! Ja, sie waren's, sie waren vereint, die beiden süßesten Freuden meines Herzens. Die göttliche Freiheit, von meiner Geliebten borgte sie die Gestalt; das reizende

Mädchen kleidete sich in der Freundin himmlisches Gewand. In einem ernsten Augenblick erscheinen sie vereinigt, ernster als lieblich. Mit blutbefleckten Sohlen trat sie vor mir auf, die wehenden Falten des Saumes mit Blut befleckt. Es war mein Blut und vieler Edeln Blut. Nein, es ward nicht umsonst vergossen. Schreitet durch! Braves Volk! Die Siegesgöttin führt dich an! Und wie das Meer durch eure Dämme bricht, so brecht, so reißt den Wall der Tyrannei zusammen und schwemmt ersäufend sie von ihrem Grunde, den sie sich anmaßt, weg!

Trommeln näher.

Horch! Horch! Wie oft rief mich dieser Schall zum freien Schritt nach dem Felde des Streits und des Siegs! Wie munter traten die Gefährten auf der gefährlichen rühmlichen Bahn! Auch ich schreite einem ehrenvollen Tode aus diesem Kerker entgegen; ich sterbe für die Freiheit, für die ich lebte und focht, und der ich mich jetzt leidend opfre.

Der Hintergrund wird mit einer Reihe spanischer Soldaten besetzt, welche Hellebarden tragen.

Ja, führt sie nur zusammen! Schließt eure Reihen, ihr schreckt mich nicht. Ich bin gewohnt, vor Speeren gegen Speere zu stehn und, rings umgeben von dem drohenden Tod, das mutige Leben nur doppelt rasch zu fühlen.

Trommeln.

Dich schließt der Feind von allen Seiten ein! Es blinken Schwerter – Freunde, höhren Mut! Im Rücken habt ihr Eltern, Weiber, Kinder!

Auf die Wache zeigend.

Und diese treibt ein hohles Wort des Herrschers, nicht ihr Gemüt. Schützt eure Güter! Und euer Liebstes zu erretten, fallt freudig, wie ich euch ein Beispiel gebe.

Trommeln.
Wie er auf die Wache los und auf die Hintertür zu geht, fällt der Vorhang: die Musik fällt ein und schließt mit einer Siegessymphonie das Stück.

Biographie

1749 *28. August:* Johann Wolfgang Goethe wird in Frankfurt am Main als Sohn des Kaiserlichen Rates Dr. jur. Johann Caspar Goethe und seiner Frau Catharina Elisabeth, geb. Textor, geboren. Die Eltern legen großen Wert auf die Ausbildung Goethes. Bereits früh erhält er Privatunterricht in Latein, Griechisch, Englisch und Italienisch sowie im Schönschreiben.

1750 *Dezember:* Geburt der Schwester Cornelia.

1757 Erste literarische Versuche.

1764 *April:* Goethe erlebt als Zuschauer die Kaiserkrönung Josephs II. in Frankfurt.

1765 *Oktober:* Goethe immatrikuliert sich in Leipzig zum Jurastudium. Außerdem hört er Vorlesungen in Philosophie und Philologie, unter anderem bei Christian Fürchtegott Gellert und Johann Christoph Gottsched.
Dezember: Beginn des Zeichenunterrichts bei Adam Friedrich Oeser, der ihn zugleich mit den Ideen Johann Joachim Winckelmanns vertraut macht.

1766 Liebesbeziehung zu Anna Katharina (Käthchen) Schönkopf.

1767 Erste Arbeit am Schäferspiel »Die Laune des Verliebten« (private Uraufführung 1779, öffentliche Erstaufführung 1805, Erstdruck 1806).

1768 *Frühjahr:* Aufenthalt in Dresden.
Ende der Liebesbeziehung zu Käthchen Schönkopf.
Juli: Goethe erleidet einen Blutsturz.
August–September: Reise von Leipzig nach Frankfurt am Main.
Dezember: Schwere Krankheit mit lebensgefährlicher Krise.

Es folgt eine längere Periode der Rekonvaleszenz.

1769 Beschäftigung mit Fragen der Kunsttheorie, vor allem setzt Goethe sich mit Gotthold Ephraim Lessings »Laokoon« und Johann Gottfried Herders »Kritischen Wäldern« auseinander.

1770 Goethe entschließt sich, das Studium in Straßburg und – nach der Promotion – in Paris fortzusetzen.

April: Goethe schreibt sich in Straßburg zum Jurastudium ein. Allerdings interessiert er sich wenig für die Rechtswissenschaften, sondern hört vor allem medizinische Vorlesungen über Anatomie und Chirurgie, daneben beschäftigt er sich mit Geschichte und Staatswissenschaften.

Oktober: Erster Besuch in Sesenheim. Bekanntschaft mit Friederike Brion, der Tochter des dortigen Pfarrers.

Bekanntschaft mit Johann Gottfried Herder, der tiefen Einfluss auf Goethe ausübt.

1771 Bekanntschaft mit Jakob Michael Reinhold Lenz, der als Hofmeister zweier kurländischer Edelleute nach Straßburg kommt.

August: Goethe wird zum Lizentiaten der Rechte promoviert. Anschließend Rückkehr nach Frankfurt am Main, wo er beim Schöffengericht als Rechtsanwalt zugelassen wird.

November: Niederschrift der »Geschichte Gottfriedens von Berlichingen mit der eisernen Hand dramatisiert« (Erstdruck 1832).

1772 *Januar:* Bekanntschaft mit dem Kriegszahlmeister und Schriftsteller Johann Heinrich Merck und dem Darmstädter Zirkel der Empfindsamen.

Intensive Mitarbeit an den »Frankfurter Gelehrten Anzeigen«.

Mai: Goethe wird Praktikant am Reichskammergericht in Wetzlar.

Bekanntschaft mit Charlotte Buff.

Fertigstellung des Hymnus »Von deutscher Baukunst«, der gemeinsam mit Aufsätzen von Herder innerhalb des Sammelbandes »Von deutscher Art und Kunst« erscheint.

September: Goethe verlässt Wetzlar und wandert nach Ems. Anschließend Besuch bei Sophie von La Roche in Thal-Ehrenbreitenstein.

Bekanntschaft mit Johanna Katharina Sybilla Fahlmer.

Reisen nach Wetzlar und Darmstadt.

Vermutlich am Ende des Jahres beginnt Goethe mit der Niederschrift der ersten Szenen zum »Faust«, an dessen Urfassung er bis 1775 arbeitet.

1773   Aufenthalt in Darmstadt.

November: Hochzeit der Schwester Cornelia mit Johann Georg Schlosser und deren Umzug nach Emmendingen.

Goethe und Merck veröffentlichen die überarbeitete Fassung des »Götz« im Selbstverlag.

1774   *Januar:* Im »Göttinger Musenalmanach« erscheinen erstmals Gedichte von Goethe.

Innerhalb weniger Wochen verfasst Goethe den Briefroman »Die Leiden des jungen Werthers«, der im Herbst erscheint. Das von orthodoxen Theologen erwirkte Verbot wegen Gefährdung der Moral kann den Siegeszug des Romans nicht aufhalten, der mit zahllosen Neuauflagen, Raubdrucken und Imitationen zu Goethes einzigem Erfolgswerk auf dem literarischen Markt wird. Ein regelrechtes Werther-Fieber erfasst die junge Generation.

Beginn der Briefwechsels mit Gottfried August Bürger, Johann Caspar Lavater und Friedrich Gottlieb Klopstock.

Freundschaft mit Friedrich Maximilian Klinger.

April: Das Drama »Götz von Berlichingen mit der eisernen Hand« wird in Berlin uraufgeführt.

Frühsommer: Konzeption des Trauerspiels »Egmont«.

Fertigstellung des Trauerspiels »Clavigo« in einer knappen Woche (Buchausgabe im gleichen Jahr).

Sommer: Lahn- und Rheinreise mit Johann Kaspaar Lavater und Johann Bernhard Basedow.

In Elberfeld Zusammentreffen mit Johann Heinrich Jung-Stilling, Johann Georg Jacobi, Wilhelm Heinse und Friedrich Heinrich Jacobi.

Oktober: Goethe lernt Klopstock kennen.

Erste Begegnung mit Erbprinz Karl August von Sachsen-Weimar-Eisenach in Frankfurt am Main.

1775   Bekanntschaft mit Maler Müller.

Liebesbeziehung zu Lili Schönemann.

Februar: Goethe schreibt das Schauspiel »Stella« (Buchausgabe 1776).

April: Verlobung mit Lili Schönemann.

Mai: Erste Reise in die Schweiz (bis Juli).

September: Herzog Karl August übernimmt die Regierung des Herzogtums Sachsen-Weimar-Eisenach und lädt Goethe nach Weimar ein.

Oktober: Lösung des Verlöbnisses mit Lili Schönemann.

November: Ankunft in Weimar.

Bekanntschaft mit Charlotte von Stein.

1776   Beginn der Freundschaft mit Christoph Martin Wieland.

Frühjahr: Aufenthalt in Leipzig.

April: Goethe zieht in ein Gartenhäuschen an den Ilmwiesen, wo er bis Juni 1782 wohnt.

Juni: Er tritt in den weimarischen Staatsdienst ein und

wird zum Geheimen Legationsrat ernannt.

Oktober: Durch Vermittlung Goethes und Wielands kommt Johann Gottfried Herder als Generalsuperintendent nach Weimar.

Dezember: Reise nach Leipzig und Wörlitz.

1777 Beginn der Arbeit an dem Roman »Wilhelm Meisters theatralische Sendung«.

Juni: Tod der Schwester Cornelia.

September–Oktober: Reisen nach Eisenach und auf die Wartburg.

November–Dezember: Goethe reitet allein durch den Harz und besteigt den Brocken.

1778 *Mai:* Reise mit Herzog Karl August über Leipzig und Wörlitz nach Berlin und Potsdam.

September: Aufenthalte in Erfurt, Eisenach, Wilhelmsthal, auf der Wartburg und in Jena.

Dezember: Wiederaufnahme der Arbeit an dem Trauerspiel »Egmont«.

1779 *Januar:* Goethe übernimmt die Leitung der Kriegs- und der Wegebaukommission (bis zum Antritt der italienischen Reise 1786).

März: Goethe schließt die Arbeit an der ersten Fassung des Dramas »Iphigenie auf Tauris« ab, das im April in Weimar uraufgeführt wird. Goethe übernimmt dabei die Rolle des Orests.

September: Goethe wird zum Geheimen Rat ernannt.

Zweite Reise in die Schweiz mit Karl August über Kassel (Treffen mit Georg Forster). In Zürich wohnt Goethe bei Lavater. Treffen mit Johann Jakob Bodmer.

Dezember: Rückreise über Stuttgart, Karlsruhe, Mannheim, Frankfurt und Darmstadt.

1780 *Mai:* Aufenthalt in Erfurt.

Sommer: Fertigstellung des Dramas »Die Vögel. Nach dem Aristophanes« (Buchausgabe 1787).

August: Uraufführung der »Vögel« in Ettersburg.

Oktober: Beginn der Ausarbeitung des »Torquato Tasso«.

1781 Teilnahme an der Weimarer Hofgesellschaft in Tiefurt.

Oktober: In Jena hört Goethe Vorlesungen über Anatomie.

November: Goethe beginnt, im »Freien Zeichen-Institut« Anatomievorträge zu halten.

Dezember: Reisen nach Gotha, Eisenach und Erfurt.

1782 *März:* Goethe reist als Abgesandter des Herzogs an die thüringischen Höfe.

April: Kaiser Joseph II. erhebt Goethe in den Adelsstand.

Mai: Tod des Vaters.

Juni: Einzug in das Haus am Frauenplan.

Nach Entlassung des Kammerpräsidenten Johann August Alexander von Kalb übernimmt Goethe die Leitung der Finanzverwaltung.

Dezember: Aufenthalte in Erfurt, Neunheiligen, Dessau und Leipzig.

1783 *Februar:* Goethe wird in den Illuminatenorden aufgenommen.

Aufenthalte in Ilmenau, Jena, Erfurt, Gotha und Wilhelmsthal.

September–Oktober: Zweite Reise in den Harz, nach Göttingen und nach Kassel.

1784 *März:* Goethe entdeckt in Jena den Zwischenkieferknochen am menschlichen Obergebiss.

August: Dritte Reise in den Harz.

September: Friedrich Heinrich Jacobi besucht Goethe.

1785 *März:* Beginn der Studien zur Botanik.

Juni–August: Reise durch das Fichtelgebirge nach Karlsbad mit Karl Ludwig von Knebel. Erster Kuraufenthalt in Karlsbad, dort Zusammentreffen mit Frau von Stein und Johann Gottfried Herder.

Abschluß des Romans »Wilhelm Meisters theatralische Sendung« (der ersten Fassung des Romans »Wilhelm Meisters Lehrjahre«).

1786 *Juli–August:* Zweiter Aufenthalt in Karlsbad.

September: Goethe bricht heimlich von Karlsbad nach Italien auf. Zunächst reist er über München, Innsbruck, Verona und Padua nach Venedig, wo er zwei Wochen bleibt.

Oktober: Weiterreise über Bologna und Florenz nach Rom.

Dezember: Abschluss der endgültigen Fassung des Dramas »Iphigenie auf Tauris« (erscheint 1787 in den »Schriften«).

1787 *Februar:* Abreise nach Neapel und Sizilien.

März: Goethe besteigt den Vesuv und besucht Pompeji mit Johann Heinrich Wilhelm Tischbein.

August: Abschluss der Arbeit am Drama »Egmont«.

Bei Georg Joachim Göschen in Leipzig beginnt die erste rechtmäßige Ausgabe von Goethes »Schriften« (8 Bände, 1787–90) zu erscheinen.

1788 *April:* Abschied von Rom.

Juni: Goethe kehrt nach Weimar zurück.

Juli: Zunehmende Entfremdung zwischen Goethe und Charlotte von Stein seit Goethes Rückkehr.

Beginn der Liebesbeziehung zu Christiane Vulpius.

Goethe löst die Beziehung zu Charlotte von Stein.

September: Erste Begegnung mit Friedrich Schiller in Rudolstadt.

1789 *September:* Goethe reist nach Aschersleben und in den Harz.

Dezember: Bekanntschaft mit Wilhelm von Humboldt.

Geburt des Sohnes Julius August Walther.

Goethe beendet die Arbeit an dem Drama »Torquato Tasso« (erscheint 1790 in den »Schriften«).

1790 *Januar:* Abschluss der Umarbeitung von »Faust. Ein Fragment« (erscheint in den »Schriften« sowie selbstständig).

März–Mai: Aufenthalt in Venedig.

Juli: Goethe reist nach Schlesien in das preußische Feldlager, nach Krakau und Czenstochau.

Oktober: Rückkehr nach Weimar.

»Die Metamorphose der Pflanzen« (naturwissenschaftliche Schrift).

1791 *Januar:* Goethe übernimmt die Leitung des Weimarer Hoftheaters.

März: Das Drama »Egmont« wird in Weimar uraufgeführt.

1792 *August–Oktober:* Goethe nimmt im Gefolge des Herzogs Karl August am Feldzug gegen das revolutionäre Frankreich teil.

November: Aufenthalt in Düsseldorf bei Friedrich Heinrich Jacobi.

Dezember: Goethe besucht die Fürstin Gallitizin in Münster.

Die zweite Werkausgabe, »Goethes neue Schriften«, erscheint bei Johann Friedrich Unger in Berlin (7 Bände, 1792–1800).

1793 *April:* In wenigen Tagen schreibt Goethe das Lustspiel »Der Bürgergeneral«.

Mai–Juli: Aufenthalt in Mainz als Beobachter bei der Belagerung der Stadt.

Entstehung des Versepos »Reineke Fuchs« (erscheint 1794 in den »Neuen Schriften«).

November: Geburt der Tochter Caroline, die kurz darauf

stirbt.

1794 *August:* Ein Brief Schillers mit einer Charakteristik von Goethes Geistesart leitet die Freundschaft und Zusammenarbeit der beiden Schriftsteller ein.

Oktober: Goethe stimmt Schillers philosophisch-ästhetischer Abhandlung »Über die ästhetische Erziehung des Menschen in einer Reihe von Briefen« zu.

Verkehr im Kreise der Jenaer Professoren.

Goethe beendet seine Novellendichtung »Unterhaltungen deutscher Ausgewanderten«, die 1795/97 in Schillers Zeitschrift »Die Horen« erscheint.

1795 *Juli–August:* Kuraufenthalt in Karlsbad.

»Wilhelm Meisters Lehrjahre« (1.–4. Band).

1796 *Mai:* Bekanntschaft mit August Wilhelm Schlegel.

Goethe schließt die Arbeit an dem Versepos »Hermann und Dorothea« ab (erscheint im folgenden Jahr).

Gemeinsame Arbeit mit Schiller am »Musen-Almanach für das Jahr 1797« (erscheint September 1796), dem so genannten »Xenien-Almanach«.

Beginn der Verbindung mit Carl Friedrich Zelter in Berlin, aus der bald eine tiefe Freundschaft erwächst.

Der singuläre »Briefwechsel zwischen Goethe und Zelter in den Jahren 1796 bis 1832« (6 Bände, 1833–34) wird nach dem Tod beider Freunde von Friedrich Wilhelm Riemer ediert.

1797 *März:* Bekanntschaft mit Friedrich Schlegel.

Schiller vermittelt die Bekanntschaft mit Johann Friedrich Cotta in Tübingen, der in den folgenden Jahrzehnten Goethes Hauptverleger wird.

Gemeinsame Arbeit mit Schiller am »Musen-Almanach für das Jahr 1798« (erscheint Oktober 1797), dem so genannten »Balladen-Almanach«.

August: Goethe reist in die Schweiz.

Dezember: Goethe übernimmt die Oberaufsicht über die Bibliothek und das Münzkabinett in Weimar.

Arbeit an der Neufassung des »Faust«.

1798 *März:* Goethe lernt Novalis kennen.

Juni: Fertigstellung der Elegie »Die Metamorphose der Pflanzen«.

Oktober: Die von Goethe herausgegebene Kunstzeitschrift »Propyläen« beginnt zu erscheinen (1798–1800).

1799 Erste Kunstausstellung der Weimarer Kunstfreunde.

3. Dezember: Schiller siedelt von Jena nach Weimar über.

1800 *April:* Reise mit Herzog Karl August nach Leipzig und Dessau.

1801 *Januar:* Goethe erkrankt an Gesichtsrose.

Juni: Reise mit dem Sohn August zur Kur nach Pyrmont. Aufenthalte in Göttingen und Kassel.

Oktober: Georg Wilhelm Friedrich Hegel besucht Goethe in Weimar.

1802 Goethe hält sich häufig in Jena auf.

Januar: Besuch von Friedrich de la Motte Fouqué.

Februar: Erster Besuch von Zelter in Weimar.

Juni/Juli: Aufenthalte in Lauchstädt, Halle und Giebichenstein.

Dezember: Geburt der Tochter Kathinka, die bald darauf stirbt.

1803 *Mai:* Reise nach Lauchstädt, Halle, Merseburg und Naumburg.

September: Friedrich Wilhelm Riemer wird Hauslehrer von Goethes Sohn.

November: Goethe übernimmt die Oberaufsicht über die

naturwissenschaftlichen Institute der Universität Jena.

1804 *August–September:* Aufenthalte in Lauchstädt und Halle.

September: Goethe wird zum Wirklichen Geheimen Rat mit dem Prädikat Exzellenz ernannt.

1805 Mehrmalige schwere Erkrankung Goethes (Nierenkolik).

9. Mai: Tod Schillers.

Juli–September: Aufenthalte in Lauchstädt.

August: In einem Artikel in der »Jenaischen Allgemeinen Literatur-Zeitung« spricht sich Goethe gegen die romantische Kunst aus.

Reise nach Magdeburg und Halberstadt.

Besuch in Jena, Zusammentreffen mit Achim von Arnim und Prinz Louis Ferdinand von Preußen.

»Winckelmann und sein Jahrhundert«.

Goethes Übersetzung von »Rameaus Neffe. Ein Dialog« von Denis Diderot erscheint.

1806 *April:* Goethe schließt »Faust. Der Tragödie Erster Teil« ab (Buchausgabe 1808).

Juni–August: Kuraufenthalt in Karlsbad.

Oktober: Heirat mit Christiane Vulpius.

1807 Erste Entwürfe zu dem Roman »Wilhelm Meisters Wanderjahre«.

April: Bettina Brentano besucht Goethe.

Mai–September: Goethe hält sich zur Kur in Karlsbad auf. Bekanntschaft mit Minchen Herzlieb.

1808 *Mai–September:* Aufenthalte in Karlsbad und Franzensbad.

September: Tod der Mutter Goethes.

1809 Goethe schließt den Roman »Die Wahlverwandtschaften« ab (Buchausgabe im gleichen Jahr).

1810 *Mai–September:* Aufenthalte in Karlsbad, Teplitz und Dresden.

Goethes naturwissenschaftliches Hauptwerk »Zur Farben-lehre« (2 Bände) erscheint.

1811   *Mai–Juni:* In Karlsbad mit Christiane Vulpius und Fried-rich Wilhelm Riemer.

Beginn der Arbeit an »Dichtung und Wahrheit«. Die ersten drei Teile erscheinen zwischen 1811 und 1813, der vierte und letzte 1833 in der Ausgabe letzter Hand.

1812   *Mai–September:* Aufenthalte in Karlsbad und Teplitz.

Begegnungen mit Ludwig van Beethoven und Kaiserin Maria Ludovica von Österreich.

1813   *April–August:* Aufenthalt in Naumburg, Dresden und Teplitz.

November: Goethe lernt Arthur Schopenhauer kennen.

Beginn der Arbeit an der »Italienischen Reise« (3 Bände, 1816–29) als Fortsetzung seines autobiographischen Wer-kes.

1814   *Mai–Juni:* Aufenthalt in Bad Berka bei Weimar.

Juni: Goethe schreibt die ersten Gedichte der Sammlung »West-östlicher Divan«.

Juli–Oktober: Reise an den Rhein und den Main.

Goethe besucht die Brüder Boisserée in Heidelberg.

1815   *Mai:* Zweite Reise an Rhein und Main.

Juli: Fahrt von Nassau nach Köln mit dem Freiherrn v. Stein.

Dezember: Goethe wird zum Staatsminister ernannt.

Goethe schreibt mehr als 140 Gedichte für den »West-östlichen Divan«.

1816   *6. Juni:* Nach schwerer Erkrankung stirbt Goethes Frau Christiane.

Juli–September: Aufenthalt in Bad Tennstedt.

Gemeinsam mit Johann Heinrich Meyer gibt Goethe die

Kunstzeitschrift »Über Kunst und Altertum« (6 Bände, 1816–32) heraus.

1817   *April:* Goethe gibt die Leitung des Hoftheaters auf.

        Juni: Heirat des Sohnes August mit Ottilie von Pogwisch.

1818   *April:* Geburt des Enkels Walther.

        Juli–September: Aufenthalt in Karlsbad.

1819   Goethe beendet die Arbeit am »West-östlichen Divan« (erscheint im gleichen Jahr, erweiterte Ausgabe in 2 Bänden 1827).

        August/September: Aufenthalt in Karlsbad.

1820   *April:* Zur Kur nach Karlsbad.

        September: Geburt des Enkels Wolfgang.

1821   *Juli–September:* Aufenthalte in Marienbad und Eger.

        Goethe begegnet zum ersten Mal Ulrike von Levetzow.

1822   *Juni–August:* Aufenthalte in Marienbad und Eger.

        Goethe beendet die Niederschrift der autobiographischen Schrift »Campagne in Frankreich 1792. Belagerung von Mainz« (erscheint im gleichen Jahr).

1823   *Februar:* Goethe erkrankt an einer Herzbeutel- und Rippenfellentzündung.

        Juni: Johann Peter Eckermann besucht Goethe.

        Juli–August: Letzte Kur in Marienbad.

        August–September: Aufenthalte in Eger und Karlsbad.

1824   *Juli:* Bettina von Arnim besucht Goethe.

        Oktober: Besuch von Heinrich Heine.

1825   *Februar:* Goethe nimmt die Arbeit am »Faust II« wieder auf.

1826   *August –September:* Bettina von Arnim besucht Goethe.

        September: Besuch des Fürsten von Pückler-Muskau.

        September/Oktober: Franz Grillparzer ist für einige Tage Goethes Gast.

Dezember: Alexander und Wilhelm von Humboldt zu Besuch.

1827 *Januar:* Tod der Freundin Charlotte von Stein.

Besuche von Zelter und Hegel.

Oktober: Geburt der Enkelin Alma.

Bei Cotta in Tübingen erscheint der erste Band der Ausgabe letzter Hand (40 Bände, 1827–30, postum 20 Bände 1832–42).

1828 Besuch von Ludwig Tieck.

Juni: Tod des Großherzogs Karl August.

Juli–September: Aufenthalt auf der Dornburg.

Der »Briefwechsel zwischen Goethe und Schiller in den Jahren 1794 bis 1805« (6 Bände 1828–29) wird veröffentlicht.

1829 *Januar:* Der erste Teil des »Faust« wird in Braunschweig unter der Regie von Ernst August Friedrich Klingemann uraufgeführt.

Goethe beendet die Überarbeitung seines Romans »Wilhelm Meisters Wanderjahre« (erscheint im gleichen Jahr in den »Werken«).

1830 *Februar:* Tod der Großherzogin Luise.

Mai–Juni: Der Komponist Felix Mendelssohn-Bartholdy besucht Goethe.

Oktober: Tod des Sohnes August in Rom.

November: Goethe erleidet einen Blutsturz.

1831 *Juli:* Goethe beendet die Arbeit an »Faust. Der Tragödie Zweiter Teil« (erscheint nach Goethes Tod 1832 in den »Werken«).

August: Aufenthalt in Ilmenau.

1832 *22. März:* Nach einwöchiger Krankheit stirbt Goethe.

26. März: Beisetzung in der Weimarer Fürstengruft.